中国科普作家协会国防科普委员会推荐图书

舰船科普丛书

中国船舶及海洋工程设计研究院
上海市船舶与海洋工程学会
上海交通大学

干货船

牟蕾频　郭彦良

上海科学技术出版社

图书在版编目(CIP)数据

干货船 / 中国船舶及海洋工程设计研究院，上海市船舶与海洋工程学会，上海交通大学主编；牟蕾频，郭彦良编著. —上海：上海科学技术出版社，2018.10（2021.8重印）
（国之重器：舰船科普丛书）
ISBN 978-7-5478-4176-1

Ⅰ.①干… Ⅱ.①上… ②中… ③上… ④牟… Ⅲ.①干货船–青少年读物 Ⅳ.①U674.13–49

中国版本图书馆CIP数据核字（2018）第205895号

舰船科普丛书

干货船

中国船舶及海洋工程设计研究院
上海市船舶与海洋工程学会 **主编**
上海交通大学

牟蕾频 郭彦良 **编著**

上海世纪出版（集团）有限公司
上海科学技术出版社 出版、发行
（上海钦州南路71号 邮政编码200235 www. sstp. cn）
三河市双升印务有限公司印刷
开本 787×1092 1/16 印张 13.75
字数 200千字
2018年10月第1版 2021年8月第2次印刷
ISBN 978-7-5478-4176-1 / N·157
定价：68.00元

内容提要

干货船是专门运输干燥货物的船舶，它与液货船同属于运输类船舶，在全球跨国贸易中担负着繁重的运输任务。本书由长期从事干货船设计、建造的专家们执笔，内容包括除集装箱船以外的常见干货船，如杂货船、散货船、多用途船和特种专用船舶等。

本书介绍了干货船的由来、发展、主要特点、功用，国内外的代表船型，特别是我国干货船发展历程中的标志性船型，体会中国船舶设计建造行业通过艰难探索、积极创新，闯出了一条艰辛而光荣的大国舰船重器发展之路。

本书图文并茂，集知识性与趣味性于一体，可作为青少年科普读物，也适合对船舶知识感兴趣的普通读者阅读。

国之重器——舰船科普丛书

编委会

国之重器——舰船科普丛书

专家委员会

编辑部

主　编

张　毅

编写人员（以姓氏笔画为序）

于再红　卫琛喻　王　庆　王　建　王　莉
王建方　韦　强　曲宁宁　任　毅　刘积骅
祁　斌　牟朝纲　牟蕾频　杨　添　李　成
李刚强　李招凤　吴贻欣　邱伟强　张宗科
张富明　林伍雄　范永鹏　尚亚杰　尚保国
罗杏春　单铁兵　赵吉庆　段雪琼　俞　赟
施　璟　洪　亮　姚　亮　贺慧琼　秦　硕
徐春阳　唐　尧　陶新华　黄小燕　曹大秋
曹才轶　曹永恒　梁东伟　韩　龙　虞民毅
魏跃峰

总序

海洋之美，浩瀚、静谧、神秘。人类生存的地球表面71%覆盖着海洋，陆地被海洋包围着，仿若不沉之“舟”。

中华人民共和国，既是一个拥有960万平方千米陆地疆域的陆地大国，也是一个东部和南部大陆海岸线约1.8万千米、内海和边海的水域面积约470万平方千米、海域分布有大小岛屿7 600多个的海洋大国。提高海洋资源开发能力、发展海洋经济、保护海洋生态环境、坚持维护国家海洋权益、建设海洋强国，事关国家安全和长远发展，也对实现中华民族伟大复兴的中国梦具有十分重要的战略意义。

工欲善其事，必先利其器。经略海洋，装备当先。只有拥有强大的海洋装备作支撑，才能形成强大的海上力量，才能保障安全可靠的海上能源和贸易通道，才能拥有海洋权益的话语权。能犁开万顷碧波的舰船，正是建设海洋强国的“国之重器”。

经过几代中国舰船人的努力，我们取得了骄人的成绩。第一艘航母已交接入列，第二艘航母又下水海试；新型弹道导弹核潜艇受到世界各国的关注；“滨州”号护卫舰、“昆仑山”号船坞登陆舰等在亚丁湾为过往船只保驾护航；“临沂”号护卫舰参与也门撤侨，彰显大国担当；“和平方舟”号医院船多次赴海外开展医疗服务和救灾援助；自主设计制造的20 000箱超大型集装箱船助力中欧航线的运输；“天鲲”号绞吸挖泥船向世界展示什么叫作历练终成金；“雪龙2”号科考船即将承载起极地探索的使命……

这一个个令人振奋的消息背后，是“国之重器”建设大军只争朝夕、锐意进取、拼搏奋斗、攻坚克难的身影。“功以才成，业由才广”，世上一切事物中人是最宝贵的，一切创新成果都是人做出来的。硬实力、软实力，归根到底要靠人才实力。科技发展史证明：谁拥有了一流创新人才、拥有了一流科学家，谁就能在科技创新中占据优势。

在中国建设海洋强国的道路上，“国之重器”建设大军的每一个岗位都必须后继有

人，有人传承，有人接班！

少年强则中国强。为增强青少年的海洋和国防意识，普及舰船和海洋工程科学知识，我们编撰了一部以青少年为主要对象、面向公众的科普读物“国之重器——舰船科普丛书”（简称“丛书”）。丛书以舰船为主线，全面展现新中国成立近70年以来，自主研制国之重器的艰难历程及取得的辉煌成就，使广大青少年从中汲取知识、增长才干、坚定信念、强化担当。

这套丛书共20分册，涵盖海洋防卫、海洋运输、海洋科考、海洋开发等方面，包括：海上霸主——航空母舰、深海巨鲨——潜艇、海上科学城——航天测量船、探究海洋奥秘的科学考察船、造船工业皇冠上的明珠——液化气运输船、海上巨无霸——集装箱船、超大型油船、造岛神器——大型挖泥船、海上石油城——钻井平台等。

丛书由从事舰船和海洋工程科研、设计、建造的100余位专家、技术骨干和青年科技工作者执笔，并经30余位专家审阅，历时2年编写而成。

当代青少年和公众涉猎面广，超前意识和多维立体思维能力强，具有令人刮目相看的理解能力。丛书撰写者充分考虑到青少年和公众读者的阅读要求，量身定制、兼收并蓄，将舰船知识图谱化，采用重点讲解、型号示例等方法，使专业知识通俗易懂，增强了丛书的可读性。

博览众采，传承知识。丛书通过科学的体例设置，涵盖军用舰船、民用船舶和海工装备的相关知识，体系庞大而有序，知识通俗而有内涵，突出展现了丛书内容的鲜明特色，使广大青少年读者一书在手，舰船在胸。

—— 图谱化的舰船知识。丛书坚持知识性与趣味性相结合，以图文并茂的形式对一些典型舰船进行集中讲解，以便让读者掌握舰船的特点。

—— 通俗化的专业知识。丛书坚持专业性与通俗性的有机结合，用朴实的篇章构建舰船知识链，用易懂的语言精准描述舰船的工作原理、性能特点。

—— 人文化的历史知识。丛书追溯舰船诞生的起点，展望舰船发展的未来，彰显舰

船历史的人文特色，描绘出一幅幅人类设计建造舰船、塑造海洋文明的生动画卷。

拓展视野，启迪心智。丛书以舰船为载体，为广大青少年读者打开了世界舰船知识之门、中国舰船科技之窗，让读者驾驶生命之船，扬起思想风帆。

——认清大势，强化理念。丛书以舰船为媒，引导读者正确认识世界和中国。半个多世纪风雨兼程，中国船舶装备在变，舰船航迹在变，唯有“国之重器”建设者们“忠于党、忠于人民、忠于国家”的初心不改，信仰不变，继续弘扬突破自我、敢为人先的工匠精神，锲而不舍，发愤图强，国家利益所至，科技创新必达！

——明确主题，播种梦想。丛书以中国舰船制造励精图治、自力更生、发奋图强、勇创辉煌的历史红线，为每个青少年播种梦想、点燃梦想，让更多青少年敢于有梦、勇于追梦、勤于圆梦。

激扬青春，陶冶情操。理想指引人生方向，信念决定事业成败。丛书倾诉舰船昨天之历史故事，弹奏舰船今天之恢弘篇章，高歌舰船明日之瑰丽远景。

——弘扬爱国主义精神。丛书立足民族、面向世界，旨在激发广大读者的爱国情怀；以科学的视角，生动介绍了新中国成立以来我国舰船及海洋工程研制所取得的成就，讲述一代又一代科技人员怀着深厚的爱国情怀，为中国舰船事业发展所作的贡献。

——倡导奋进创新思想。丛书用世界舰船的历史史实启发读者认知：创新是民族进步的灵魂，是一个国家兴旺发达的不竭源泉。广大青少年读者应敢为人先，勇于解放思想、与时俱进，敢于上下求索、开拓进取，树立雄心壮志，努力超越前人。

——激励艰苦奋斗精神。丛书用中国舰船的历史史实引领读者感悟，我们的国家、我们的民族，从积贫积弱一步一步走到今天的繁荣富强，靠的就是一代又一代人的顽强拼搏，靠的就是中华民族自强不息的奋斗精神。

2016年5月30日，习近平总书记在全国科技创新大会、两院院士大会、中国科协第九次全国代表大会上的讲话指出：科技创新、科学普及是实现创新发展的两翼，要把科学普及放在与科技创新同等重要的位置。希望广大科技工作者以提高全民科学素质为己任，在

全社会推动形成讲科学、爱科学、学科学、用科学的良好氛围，使蕴藏在亿万人民中间的创新智慧充分释放、创新力量充分涌流。“国之重器——舰船科普丛书”正是习近平新时代中国特色社会主义思想的生动实践。

愿：“国之重器——舰船科普丛书”构建一座智慧的熔炉，锻造中国青少年威武铁甲！

愿：“国之重器——舰船科普丛书”筑起一个知识的平台，助力中国青少年纵横海疆！

愿：“国之重器——舰船科普丛书”插上一双理想的翅膀，引领中国青少年翱翔海天！

曾恒一　潘镜芙

中国工程院院士

2018年8月

前言

如果能将我们所身在的地球尽收眼底，你会看到庞大的货船运输队伍在浩瀚的海洋上担负着繁重的运输任务，日以继夜、往来穿梭，为人们的美好生活源源不断地作出贡献。海运承担了全球跨国贸易近三分之二的运量，在我国的外贸运输中，海运占比更是高达90%。世界经济的正常运转，离不开货船为主导的海上运输业高效而有序的运行。可以说，没有海洋运输，就没有经济全球化。

本书将为读者们讲述干货船的方方面面。干货船是货船中的一大类，货船作为最早的船舶类型之一，最初的功能和类型是综合性的，被称为杂货船。现在所说的干货船和液货船，以及干货船中细分出的散货船、多用途货船、集装箱船、滚装船和冷藏船等，是随着新的货运需求不断出现而逐步诞生的。

干货船的这些家庭成员们与国家重大项目，乃至我们日常生活的点滴都密不可分。

当产地与加工地远隔重洋时，工业生产所需的原材料（如矿石、煤炭、木材等）需要利用散货船运输；因为散货船运输的干散货占据全球海运货物总量的40%还多，散货船也成为海运业的三大主力船型之一。

汽车工业发展以后，为提高大批量汽车货物的运输效率，诸如汽车这类轮式货物可以不依赖传统的吊装装卸，而利用船上的专门设备进行“水平”装卸，这就是滚装船，它为海陆联运创造了便利。

虽然很多成品货物大多通过集装箱运输，但还有许多集装箱装不下高铁车厢、风电装备、火箭分段、飞机部件等特长、特大货物，需要通过多用途货船或专门设计的货船送达目的地。

当人们的生活水平提高以后，对食物的要求也更高了，这时一些采用了冷藏保鲜技术的货船出现了，它们是冷藏船；而更大胆的设计，则是将牲畜活着运到消费地的

船——活牲畜运输船。

本书将逐一介绍除集装箱船（集装箱船由其他分册专门介绍）以外的干货船，展现干货船是如何从最初的杂货船逐渐发展出各种类型的干货船，它们的用途与特点，以及值得关注的代表船型。

从早期甚至要人力装卸的杂货船，到目前机械化程度更高、类型更丰富的货船，干货船的发展也折射出造船业、乃至整个工业分工更为精细，专业化程度更高，效率也不断提升的发展历程。如同其他制造行业一样，未来的干货船在节能、绿色环保与智能化方向还将继续创新。

通过这本书，读者既能够了解干货船的基本知识，还可以从新中国的干货船发展过程中，体会到它作为船舶行业的先行军，如何艰难探索、积极创新，进而走出国门，跻身国际市场，闯出一条艰辛而光荣的大国干货航运重器发展之路。

“一带一路”的号角已经吹响，许多重大项目的生产资料和特种工业产品的运输市场将持续繁荣，各类干货船已经并将继续活跃在各条运输战线上，再立新功，再绘蓝图。

作　者

2018年9月

目录

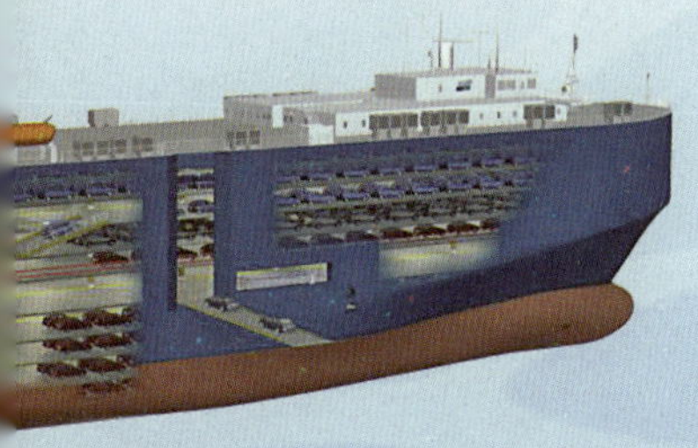

第3章
水平装卸的滚装船 / 71

第4章
三大主力船型之一——散货船 / 103

第5章 “鲜活”运输——活性畜运输船与冷藏船 / 145

第6章 向冰、向绿、向智而行 / 169

参考文献 / 199

后记 / 201

第1章 兴旺而悠久的干货船家族

水能载舟，舟能载货

货船，是运输货物船舶的统称，也是最早的船舶类型之一，它的历史已经有几千年了。从远古的简易舟筏到现代庞大的运输船舶，货船的发展经历了翻天覆地的变化，不仅没有被“年轻”的运输方式代替，反而不断壮大，成员面貌历久弥新，这是为什么呢？

运量大、成本低——水运的优势

目前世界上的各种运输方式可以分为水路、铁路、公路、航空和管道运输，干货一般采用前四种方式运输。那么在这四种运输方式中，水路运输具有什么样的特点与优势呢？

> 图1 干货的各种运输方式

> 图2 散货船在干货船中运输效率较高

运量大：目前最大的40万吨矿砂运输船能够运载6 000多节火车车皮的货物，相当于1万多辆卡车的运量，让人惊叹！一般的海运货船动辄几万吨的载重量也让其他运输方式望尘莫及。

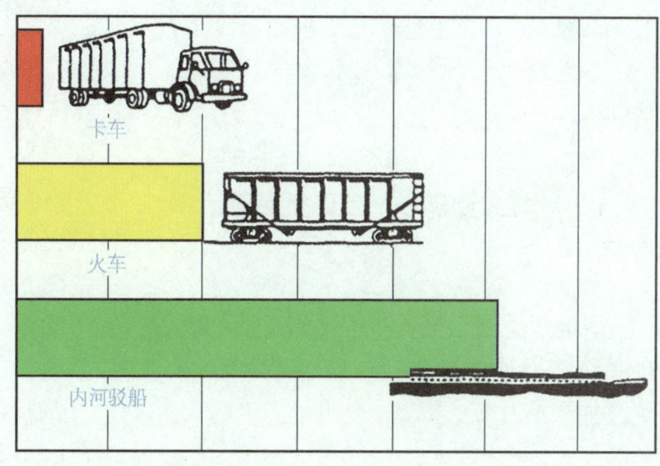

> 图3　每吨货物每升燃油可运输的距离

能效高：水运的能效比其他运输方式高，而货船由于是“专职”运输货物的船舶，它的性能特点决定了它在各种船舶之中的能效尤其高。比较不同交通工具的运输能效，可以看出它们运输同样多的货物时所消耗的能源多少。例如让卡车与船运输同样多的货物，卡车需要消耗5倍于货船的能源；而如果让火车运输同样多货物，则需消耗3倍于货船的能源。

运费低：水路运输不需要铺设专门的道路、桥梁、隧道等设施，仅需船舶与码头的建造和管理的成本，运输成本较其他运输方式低。水运的优势在长途运输、大运量运输时更为明显。因为规模效应让水运在单位运量上的设备成本、能耗成本和管理成本等费用都比较低。

适合运输大型特种货物：有时因为货物的体积尺寸太大，如大型机械设备、火箭分段等货物，空中和陆上的运输条件根本无法完成运输任务，这种情况下只需建造相应的船只，便可“海阔凭鱼跃”。

正因为水运的这些优势，在全球经济中，水运特别是海运占据了非常重要的地位。

乾坤大挪移——全球货船航运概况

海运业是国际贸易的桥梁和纽带，是世界经济发展的命脉。有航运界人士指出："如果没有海上货运，全世界一半的人会挨饿，另一半的人会受冻。"

从世界范围来看，许多资源和物产的生产与消费的分布是不均匀的。如果没有粮食海运，全球粮食产地的物产不能运输到需要的人手中；而农业发展所需的化肥等基本材料，也都是通过货船来运输的。同样，没有了海运，全球的能源供应也将出现问题，人们会缺少基本的取暖来源。当然，煤炭的用途远远不止用于取暖，在石油大规模应用以前，煤炭是人类世界的主要能源，至今仍在发挥着重要作用。此外，作为海运货种"后起之秀"的铁矿石现在更是占据世界海运总量的首位，它是钢铁的基本原料，是工业的支柱。全球新兴经济体的迅猛发展，催生了对铁矿石的巨量需求。

除了基本生产资料，汽车、大型工业机械装备等货物的运输也需要货船承担。可以说上至国家大型工程，下到百姓日常生活的各个方面，都离不开货船奔忙的身影。

货船航运发展也反映了一国经济乃至综合国力的状况。从15、16世纪的葡萄牙和西班牙，17世纪的"海上马车夫"荷兰，到18、19世纪的"日不落帝国"英国和20世纪后的美国，纵观世界历史上各个强国，无一不是以海兴国。当一个国家经济贸易大国的地位不断稳固，对国际市场、国际资源的依赖将更为增加，对海洋货运需求也会相应增加。可以说，货船航运市场是世界经济的晴雨表。

随着世界贸易中心向亚洲转移，高速增长的中国经济对海洋货运的需求也在迅速扩大。对于中国海洋运输业来说，

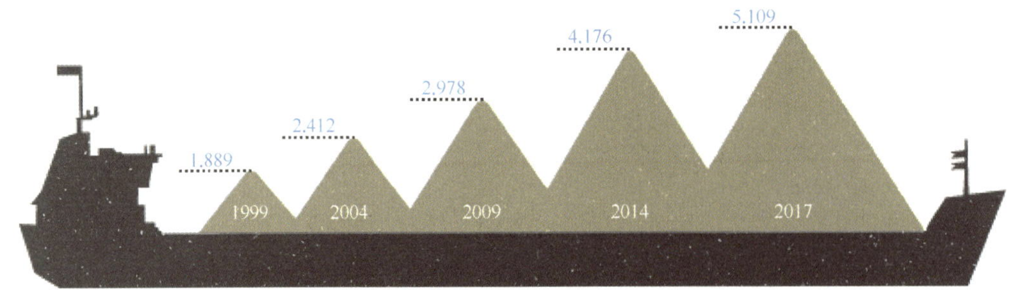

图4　全球海运干货总量（单位：10亿吨）

> 图5　大航海时代盛景

2013年是一个历史性的年份。在这一年里，中国进出口贸易总量首次突破4万亿美元，达到4.16万亿美元，取代美国成为全球最大的贸易国。2017年我国的海运需求已经达到29.73亿吨，全球海运需求量的1/3来自中国。

目前我国已开辟通往全球150多个国家和地区600多个港口的90多条远洋航线。这些航线大多以上海、大连、天津、秦皇岛、广州、湛江等港口为起点，可以概括为东、西、南、北四条主线。

（1）西行线：由中国沿海各大港经新加坡和马六甲海峡，向西经过印度洋入红海，再经苏伊士运河，从地中海进入大西洋，沿途抵达南亚、西亚、欧洲、非洲的各国港口。

（2）南行线：由中国沿海各大港南行，通往东南亚、澳大利亚等地。

Pacific Basin

22

AAL

WALLENIUS WILHELMSEN

BRILLIANT DISCOVERY

> 图6 浩大的货船船队

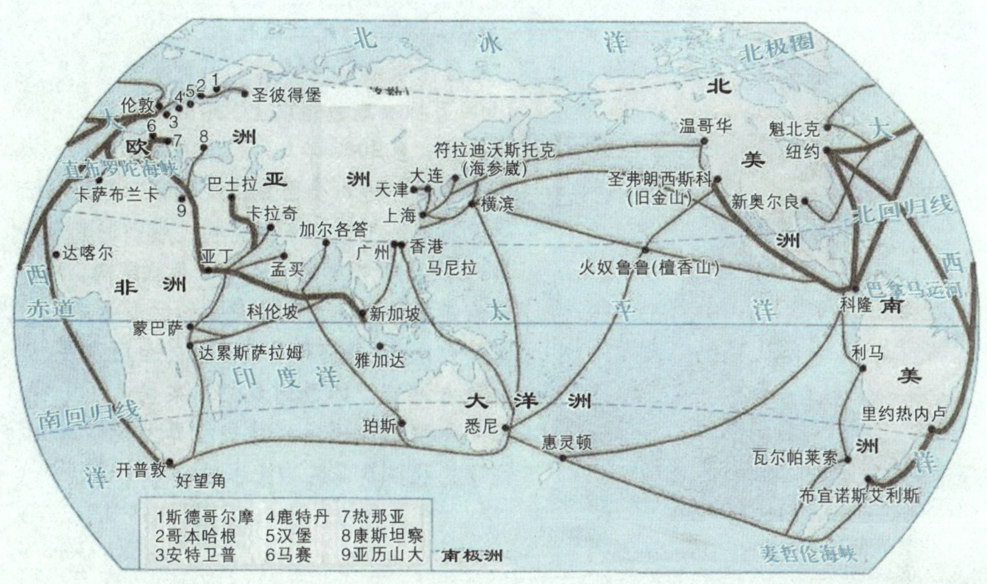

> 图7　世界主要海港和货运航线示意图

（3）东行线：从中国沿海各大港出发，向东抵达日本，横渡太平洋则可抵美国、加拿大和南美洲各国。

（4）北行线：由中国沿海各港北行，可抵朝鲜、韩国和俄罗斯东部各个海港。

目前，全球商业船队中货船占比高达95%，它们承担着全球三分之二的跨国货物运输。货船的设计、建造与营运随着人们对货物运输需求的变化而变化，也因此诞生出蔚为大观的全球货运船队。

战争后勤的“关键角色”——货船的军事用途

海洋运输船队是国防的重要后备力量，海上远洋运输船队在战时历来都被用作后勤运输工具。美、英等国把商船队称为“除陆军、海军、空军之外的第四军种”，苏联的商船船队也被西方国家称为“影子舰队”。

一场战争需要消耗大量的人力、物力，军用物资是否能够及时、充足地运达战场，有时可能成为战争胜负的决定性因素。战争后勤中除了需要普通的生活物资，还需要武器、弹药、油料、工程器材、车辆等战时物资。战争物资运输除了数量庞大，对于时效上的要求也十分高，需要综合水陆空各种运输方式，水运在其中占有非常重要的作用。以伊拉克战争为例，美军在后勤运输中就动用了海上预置船队、海军舰队辅助船、海运船和特殊任务船，还征用了大量国内外的民用运输

> 图8 吊装中的军用卡车

> 图9 “大贵”号甲板上的军事物资

船。货船以其强大的运输能力、灵活的适应性等优势，成为战争后勤的中坚力量，战争史上也留下许多货船立下赫赫战功的案例。

2017年，中国维和警察防暴队在利比里亚完成维和任务后，大批物资装备需要撤回国内，就是利用干货船执行运输任务。当时，“大贵”号货船经过一个多月的漫长航行，穿越好望角的惊涛骇浪，闯过西非和印度洋索马里海盗猖獗海域，将大批战车与其他军事物资运回祖国，圆满完成运输任务。

> 图10　二战中美国建造的“自由”号成为蒸汽动力船的收官之作

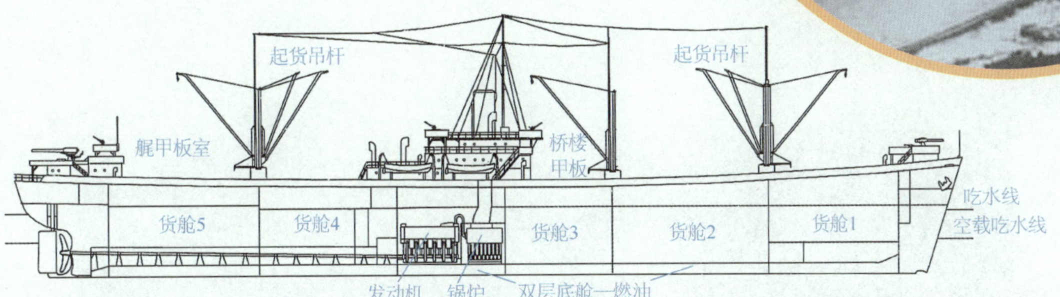

> 图11　“自由”号简图

小贴士

二战中的自由级货轮

第二次世界大战（以下简称“二战”）开始以后，德国为了切断英美等国盟军对欧洲战场的战争补给，开始推出“无限制”潜艇战，累计上千艘潜艇被先后部署在了大西洋上，各处游弋。进入到大西洋范围的船舶，无论军用船还是民用船，只要不是轴心国的，德国就统统用潜伏在各处的潜艇予以击沉，妄图以此计划称霸整个欧洲战场，最终打赢世界大战。

美国政府研究了很多方法都无法破解德国的这一战略，最后得出“不是办法的办法”——美国的造船速度必须超过被德国潜艇击沉的速度！这就是著名的自由轮/胜利轮计划。当时德国潜艇在大西洋上伏击击沉盟军运输船的速度平均每个月50万吨，所以美国政府需要新增每月100万吨以上的货船运输能力，同时还不能影响军舰等其他战争物资的生产。

为了满足这种特别要求，美国提出自由轮计划，将货船设计得简单，容易建造，外形也相对丑陋。这类货船长135米，型宽17.3米，标准吃水8.5米，有5个货舱。当时认为一艘新船只要能完成一次跨越大西洋的航行，把一船货送到欧洲就算成功完成使命了，对自由轮的寿命和耐用性要求并不高，几乎是按照“一次性”的需求来建造。后来这型船中有很多在二战结束后作为商船使用，服役到六七十年代，说明这些在战争中仓促快速生产的船舶质量其实并不差。

“二战”时期的“自由轮”是另一个经典案例，它是现代工业化大规模生产的一个奇迹。1941—1945年，18个美国船坞共建造2 700多艘自由轮，整个二战期间总计建造了5 000多艘这型船。二战中还有其他一些类似的船只也借鉴了自由轮的设计与建造理念。

二战期间，中国一共从美国获得了4艘自由轮：“中正”号、“中山”号、“中统”号和“孙逸仙”号。

> 图12　二战时期，正在船厂批量建造中的自由轮

> 图13　杂货船

来张全家福

千姿百态的货船

由于货船装运货物的种类繁多，途经航线和到达港口的情况各不相同，使得货船种类也在不断发展变化。货船有干货船和液货船之分。干货船中又分为杂货船、散货船、多用途货船、滚装船、冷藏船和集装箱船等，液货船则有油船和液化气船等。本书讨论的货船家族成员是除集装箱船以外的干货船。

下面就来看看这些干货船的分类。

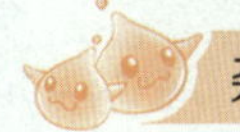

杂货船

最早出现在海上运输业的货船没有明确“分工”，所以都是杂货船。它承担所有货种的运输，包括煤炭、谷物、桶装油类和成品货物等。杂货船最基本的特征就

是运输的货物都是经过包装的，主要以“件”为单位，装卸时需要逐件处理。它的运输效率较低，现在仅在小规模运量和条件落后的港口应用较多。目前从事海上运输的各种货船都是从杂货船演变而来的。

散货船

随着水上货运业的发展，目前最为重要的干货船是散货船和集装箱船。一般来说，需要固定包装的货物逐渐由集装箱船运输，而不需包装的批量散装固体货物则由散货船运输。

散货船的载重量范围很广，从几千吨到几十万吨不等。有的散货船可以利用船上设备自行装卸货物，有的需要依赖码头机械进行货物装卸。全球铁矿石、煤炭、粮食、化肥、水泥、钢材等在长距离的海运上主要是由散货船完成。

矿砂船从广义上说属于散货船，但由于矿砂的积载因数与一般散货差别很大，矿砂船与一般散货船的构造差别也较大，习惯上称它为矿砂船。

> 图14 散货船

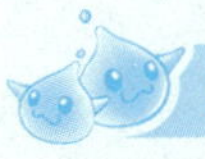

多用途货船

运输干货的杂货船在发展过程中逐渐分化出散货船和集装箱船两大类型。与这两者所运输的大宗标准化货物不同的是，在干货运量不是特别庞大或者货物类型不统一时，则可使用多用途货船来运输。多用途货船既可载运普通件杂货、散装货或特重特大特长件货，又可载运集装箱等货物。

> 图15　多用途货船

滚装船

滚装船是装载车辆和使用车辆进行装卸的货船。不同于其他干货船采用起重机进行“垂直”装卸，滚装船是利用车辆上下船，以“水平”方式装卸货物的船舶。它装运的货物主要是汽车等轮式货物。

小贴士

积载因数

各种货物每一吨正常堆积时所占空间，以立方米/吨表示。密度越大的货物，积载因数越小。普通散货船的积载因数较大，而铁矿石的积载因数小。

图16 我国自行设计、建造的6700车位车辆滚装船

图17 冷藏运输船

冷藏船

冷藏船运输的是海鲜、肉类、水果、蔬菜等易腐商品，运输过程中这些商品处于冻结状态或低温条件。随着冷藏集装箱船的发展，冷藏货物更多地采用冷藏集装箱的运输方式，冷藏船仅在一些特定领域有所应用。

特种专用货船

除了以上常见的货船，有时为了满足特种货物运输需求，需要专门设计建造一些特种货物运输船，如火箭运输船、飞机大部件运输船、活牲畜运输船等。这些船有些会选用前述类型干货船的通用设计，又因为货物要求特殊，还有一些特别的设计。

> 图18　“远望22”号火箭运输船

看到这里，你是不是感觉有些迷惑，这么多种类的干货船，它们之间到底有些什么区别呢？该如何选择合适的干货船来完成运输任务呢？后面的各章中，你可以试着寻找问题的答案。现在，先让我们来看看干货船的基本构造吧。

> 图19　干货船驾驶舱

走进“水上货运王国”

干货船的一般构造

干货船的任务是为了保障干货运输的安全并提高运输经济性，即“多装、快跑、安全、环保”。合理设计船体构造是圆满完成运输任务的基础。现代干货运输船舶尽管种类繁多，构造不一，但都是由船体和上层建筑组成，并配备动力系统和其他设备。对于干货船来说，最重要的是它的货舱和货物装卸设备。

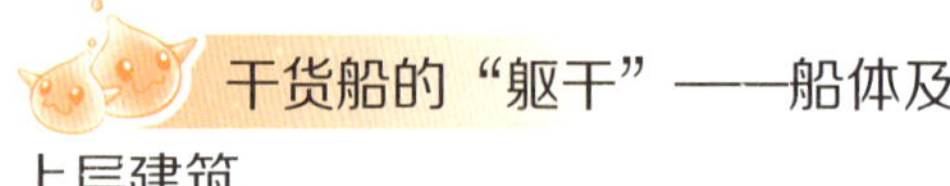

干货船的“躯干”——船体及上层建筑

船舶外部构造

船体是干货船的主体，它产生浮力，并能为船上人员以及货物、动力装置等物资提供装载空间。干货船船体是用钢板和附属材料焊接而成的空间结构体。船体既要能够经受多变的航行环境，具有足够的安全性，又要尽量减少自重，以装载更多货物，提高经济效益。

船体的前端叫船艏，后端叫船艉，船的两边叫船舷。连接船艏和船艉的直线把船体分为左右两半，从船艉向前看，右边叫右舷，左边叫左舷。

船体水平方向布置的钢板称为甲板，船体被甲板分为上下若干层。主甲板将船分为上层建筑和船体。有几个基本参数可以反映船体的概况，包括长度、宽度、型

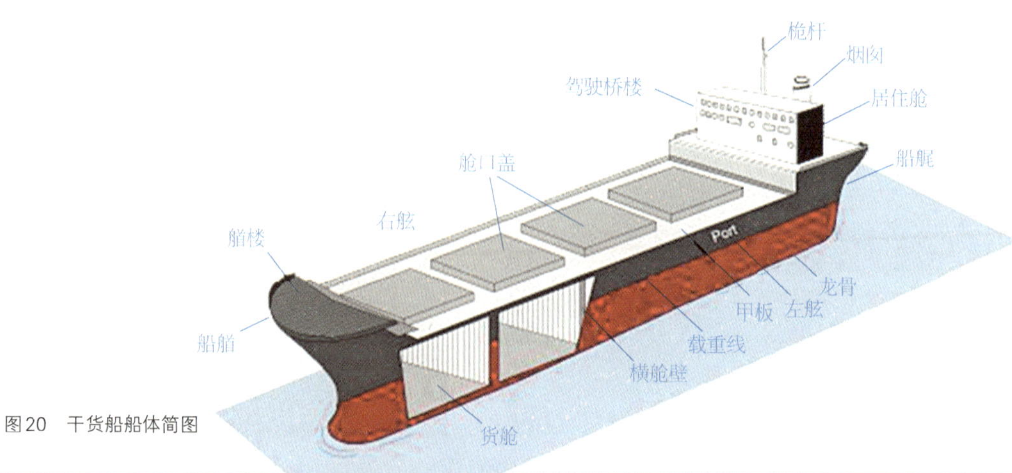

> 图20 干货船船体简图

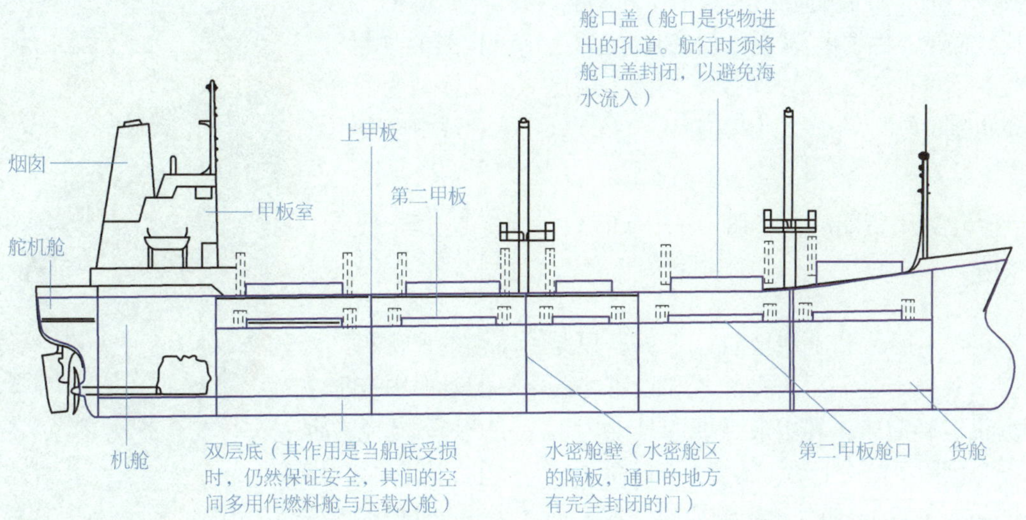

> 图21　干货船构造

深、吃水等。正如人的身材有高矮胖瘦，船也一样。如果我们用身高和腰围的比值来确定一个人的胖瘦程度，那么也可以用长宽比来反映船的“身材”。为了增加装载货物的空间，干货船的身材一般都比较“胖”。

船舶内部构造

干货船船体内部设若干道横舱壁，形成不同用途的舱室。安装主机、辅机及其附属设备的船舱称为机舱。通过横舱壁可以把货船分隔出一个个货舱。也有的船型需要设置纵舱壁，比如双排货舱的货船。货舱是干货船的关键部位，后面各章会展开描述。

船体垂直方向用甲板和平台分隔，有些干货船甲板只有一层，如散货船；有的货船甲板有多层，如滚装货船；有些干货船的甲板可根据运货需求灵活移动、拆装，如杂货船、多用途货船等。

上层建筑

船舶的上层建筑指上甲板以上的建筑

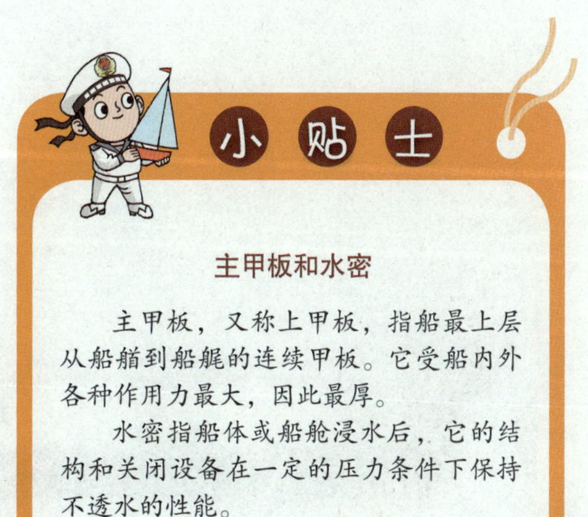

主甲板和水密

主甲板，又称上甲板，指船最上层从船艏到船艉的连续甲板。它受船内外各种作用力最大，因此最厚。

水密指船体或船舱浸水后，它的结构和关闭设备在一定的压力条件下保持不透水的性能。

物。一般干货船的上层建筑不作为货舱，比较简单，主要供驾驶操纵和船员生活之用。不过，滚装船是个例外，它的上层建筑也是货舱的一部分，体积庞大。

干货船的“心脏”——动力装置

有了船体和上层建筑，干货船只是有了外壳，还需要许多装置和设备才能真正运转起来。其中最重要的是动力装置，包括主机（主动力装置）和辅机（辅助动力装置）。如果说船舶如同“水上移动城市”，那么它的“移动”就是由主机负责，主机提供推进动力，保证船能够航行；它的其他功能运转则由辅机负责，包括全船照明、空调等用电设备。因为动力装置在船舶上的重要作用，又被称为船的“心脏”。

汽车是喝汽油的，那船喝什么呢？

现代干货船的主机大多数为低速或中速柴油发动机（简称柴油机），由它驱动装在船舶的螺旋桨来推动船舶前进。之所以选择柴油机，是因为它比汽油发动机的效率高，大约达到汽油发动机的2倍，能够帮助货船获得较高的经济效益。柴油机的另一个特点是适合大型化，现在世界上最大的发动机就是船舶所用的柴油机，它相当于14层楼房高，每小时耗油达15 000升。

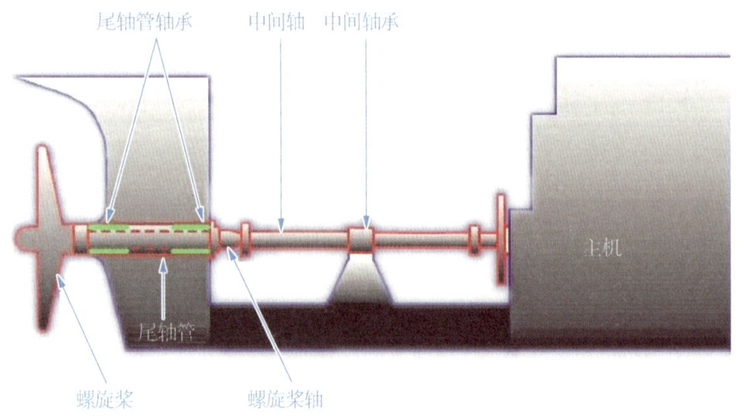

图22　干货船主机和螺旋桨

> 图23　目前世界上最大的柴油机

柴油机所使用的重型柴油价格较便宜，也成为提高货船经济性的因素。然而，重型柴油这种燃料的缺点是污染较严重，近年来随着人们对航运污染问题的重视，对于柴油机的废气排放提出了许多要求，并且开始采用更环保的方式替代或辅助柴油机的工作。

> 图25　干货船主要装置与设备示意图

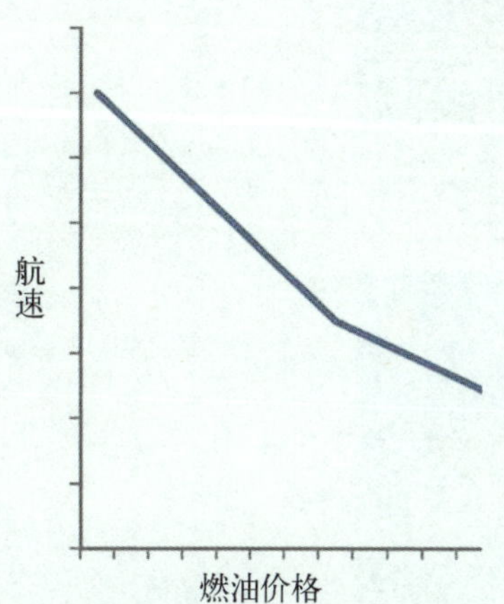

> 图24　最佳航速与燃油价格的关系

小贴士

航行速度为什么采用海里而不是公里

陆上物体运动速度的单位，可以用公里/小时来表示；但船舶在海上航行时，就需要用海里来表示航行经过的路程，每小时经过的海里数为节，用节来表示航速。

在航海时，规定地球子午圈的1分弧长为1海里（就是1分纬度所对应的经线的长度），1海里=1.852千米。

干货船里速度最快的滚装船可达到16～25节，相当于30～45千米/小时的速度。散货船航速较低，一般为13～17节，相当于24～30千米/小时。相对客船等其他类型船舶，干货船的航速不高。因为在船舶航速变化影响下的燃料能效不是均匀变化的，超过一定航速时能效会陡然降低，所以把航速控制在合理范围内是提高燃料能效，进而提高运输效益的方法之一。

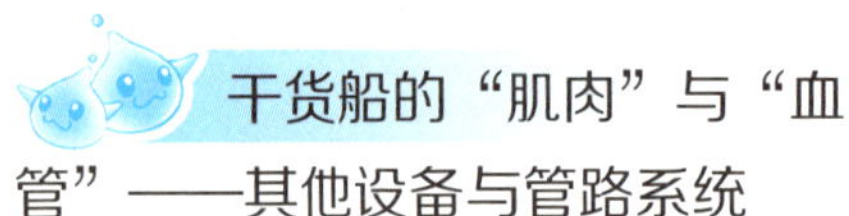

干货船的“肌肉”与“血管”——其他设备与管路系统

如果说船体和主机分别是干货船的“躯干”和“心脏”，那么还需要“肌肉”来充实和完善货船的各项功能，这其中包含了很多设备，被称为船舶舾装。干货船为了完成装卸货的需求，设有舱口与舱口盖，它是货物进出的通道和货舱的关闭设备；吊杆和起重机则是货船吊运货物的设备。关于这些设备，在后面章节的各类型干货船中还将展开介绍。

如何衡量一艘干货船的载货能力

一艘干货船的核心任务就是按规定的航线将货物从出发港送到目的港。那么如何来衡量干货船的载货能力呢？这里就需要用到载重量的概念。

> 图26　空船排水量

> 图27　载重量示意图

一艘船的诞生

船舶设计与建造

一艘船的诞生首先是由船东提出对新船的功能任务需求，然后经过与相关单位签订设计与建造合同、并进行设计、建造、检验等过程，最终得以实现。

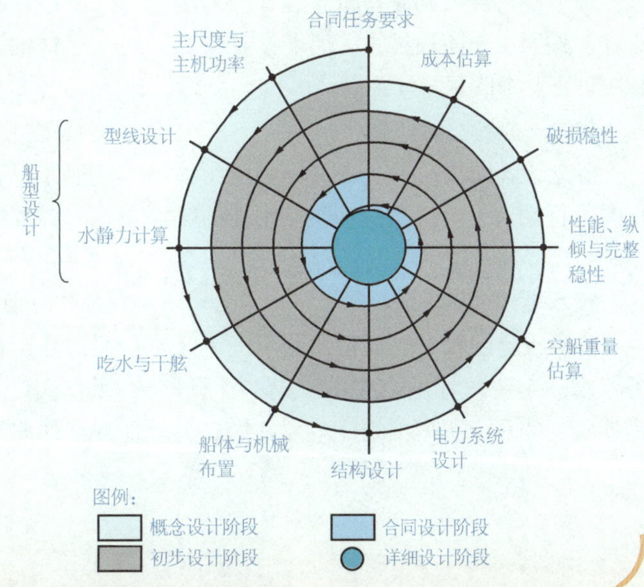

> 图28　船舶设计的螺旋演进过程

小贴士

船舶排水量与载重量

一艘船装载的货物数量庞大，如果采用直接称重的方法获得载重量不太可行。我们可以用满载货物时船的重量减去空船重量，就可以得出船的载货量。根据阿基米德原理，船舶排开水的重量，即为船的重量，空船排水量就是船的自重，可以用来表示船的大小。图26中，红色部分表示空船排水量。

载重量：指船舶能够装载货物、燃油、淡水、人员等的最大重量。它反映了一艘货船运载货物的能力。图27中红色部分是满载排水量减去下面深棕色的空船排水量后余下的部分。

有了空船排水量和载重量，我们还可以进一步将两者对比，可更确切地了解船舶载货的经济性。因为运载同样多的货物，如果船舶自重越小，一般各项成本越低。通常来说，一艘杂货船能够运载2倍于自身重量的货物，而效率最高的干货船——大型矿砂船能够运载7倍于自身重量的货物。

船舶设计

船舶设计包括：概念设计、合同设计、初步设计、详细设计、生产设计等阶段，但不是每艘船都必备概念设计与初步设计。按照工作阶段推进，船舶设计需要解决以下几个问题：

需求一艘什么样的船

概念设计阶段——主要目标是达到项目的可行性。一般仅当一艘船是创新的船型时才需要经过这个阶段。

技术设计上实现这艘船

合同设计阶段——通常由船东指定任务需求。主要目标是达成项目成本计算。需要确定船籍、所依据的规范、公约；明确船体、舾装、轮机、电气的主要技术措施；绘制总布置图、机舱布置图；估算电力负荷估算；罗列材料与设备清单。

初步设计阶段——主要目标是规划项目，将船东的需求转化为设计单位的任务要求。

按照规范标准进行设计

详细设计阶段——主要目标是深化初步设计。有些详细设计还会提供结构与性能模型试验。详细设计阶段的设计图纸需送船东及船检部门审查。

怎么造船

生产设计——主要目标是将详细设计转化为相应的造船材料与设备等生产信息。生产设计决定造船工艺流程，使现场工作人员能够在船舶建造现场监控大量船舶组件施工。

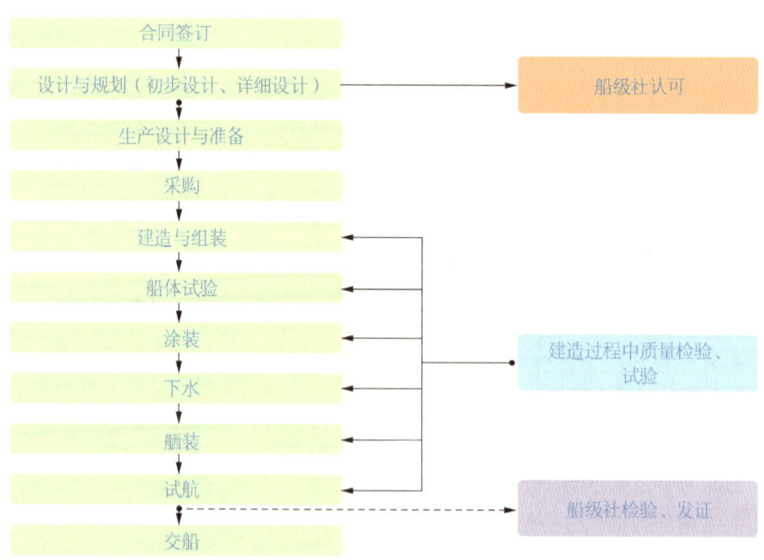

> 图29 船舶设计与建造简略过程及船级社在其中的作用

船舶建造

一般需船级社在造船现场进行监造和检验，并签发检验报告。

怎么确保一艘船的质量——船级社与相关检验

船级社是一个为船舶及海上设施的建造与运营，建立标准并进行检验、认证的机构。船级社在船舶设计、建造中及建造完成后进行检验，以确保船舶及设备符合相应的建造标准。

船舶入级检验是由船级社为船舶提供质量等级认证。又分为入级检验和法定检验。

入级检验需要确定船舶类型、货物转载、特种任务、航区限制等。它是船级社的传统业务，最初是作为船舶投保时的依据，现在除了保险需要，还为了保证船舶的质量和航行安全。

法定检验是由政府强制进行的检验，是一艘船必需的检验。由于现在的国际公约、规则、规范越来越多，需要政府介入到船舶检验中去。

目前，世界上主要船级社有英国劳氏船级社（LR）、挪威/德国船级社（DNV GL）、美国船级社（ABS）、法国船级社（BV）、日本船级社（NK）、中国船级社（CCS）等。

> 图30　部分船级社徽标

穿越时光看货船

货船简明发展史

货船的发展历史长达几千年，归纳起来可以称为四个时代：舟筏时代、帆船时代、蒸汽机船时代和柴油机船时代。

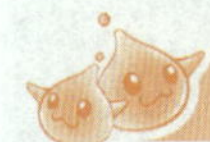

舟筏时代

早在史前时期，人类已经利用舟筏作

为水路运输工具。古代中国在当时造船和航海领域堪称先驱。

帆船时代

在古代的西方，从古埃及时代到19世纪初叶，木帆船一直是主要的水路运输工具。西方的帆船发展就是地中海流域的帆船和北欧地区的帆船相互借鉴交融、共同发展的过程。

10世纪左右帆船逐渐发展，使得北欧长途海洋贸易开始兴盛。西方帆船从方形帆变化为三角形帆能够更好地利用风力，

> 图32 木舟

> 图31 竹筏

操纵也更为灵活，它基本上集中了各种船的优点，方帆与三角帆并用，能利用各个方向的风，并把帆分悬在三到四根桅杆上，操纵更加灵活。帆面积增大，船速就加快，船的体积也可增大。

到了19世纪，西方人所造的飞剪型帆居世界领先水平。

我国帆船出现的时间比西方晚，也有

> 图33　黄河上的羊皮筏

很多自己的特点。

我国最早的造船工场出现在春秋战国时期，那时就能够制造海船和战船；秦汉时期已能制造带舵的楼船，并创造出帆、橹、纤、舵、碇等船舶属具，这一时期是我国造船的第一个高峰，海上丝绸之路初具雏形；魏晋南北朝时期，我国创造出水密舱壁和车轮舟；唐宋时期，我国的河船和海船都有突出的发展，也成为我国造船的第二个高峰。

> 图34　方帆的柯克帆船（Cog）

小贴士

海上丝绸之路

海上丝绸之路，是古代中国与外国交通贸易和文化交往的海上通道。海上丝路形成于秦汉，兴于唐宋，转变于明清，是已知最为古老的海上航线。中国海上丝路分为东海航线和南海航线两条线路，主要以南海为中心。

图35　西方的卡拉克四桅货船

图36　古代的海上丝绸之路

> 图37　古船上的水密隔舱

明朝的郑和七次下西洋，率领船队多达3万人，海船规模最大时有240余艘，将中国古代造船工业推向鼎盛。郑和的这些海船船长100多米，型宽约60米，是当时世界上最先进的船只。船上不仅携带船队所需给养，还带有各种精美礼品。郑和的每次出访，除了带去中国文化的影响力，也带回许多世界各地的特产。郑和的船队是中国古代规模最大的海上航行活动，堪称“大航海时代”的先驱。

> 图38　车轮舟

蒸汽机时代的干货船

19世纪初蒸汽机发明后，运输船舶进入以蒸汽机为动力的新时期，造船材料也逐渐用钢铁取代木材。早期的蒸汽机船是靠安装在两舷的巨大明轮推进的，因此机动船在中国通常被称为“轮船”。

19世纪中叶以后，螺旋桨逐渐代替了明轮，船舶吨位不断增大。19世纪末，汽轮机和柴油机相继问世，又为船舶提供了新的动力。

小贴士

水密隔舱和车轮舟

水密隔舱是船体中设的多个相互独立、密不透水的隔舱。若航行时个别船舱意外受损，海水进不到其他舱中，船也不会马上沉没，极大提高了航海的安全性。至今，水密隔舱技艺仍普遍应用在世界各地的现代船舶制造中。

车轮舟使木船由间歇的桨楫推进方式，跨进到连续的桨轮运转推动方式。

> 图39 郑和和他的宝船

> 图40 蒸汽机驱动的带明轮的“轮船”

> 图41 采用柴油机作为动力的现代散货船

早期的蒸汽机货船都是杂货船。20世纪40年代，散货船从杂货船中分离出来。在世界商船队中，散货船按吨位计算时占有很大比重；而传统的杂货船在艘数上仍居前列。从20世纪60年代起，运输船舶进一步专业化，出现了一系列新的船种，如集装箱船、滚装船等。

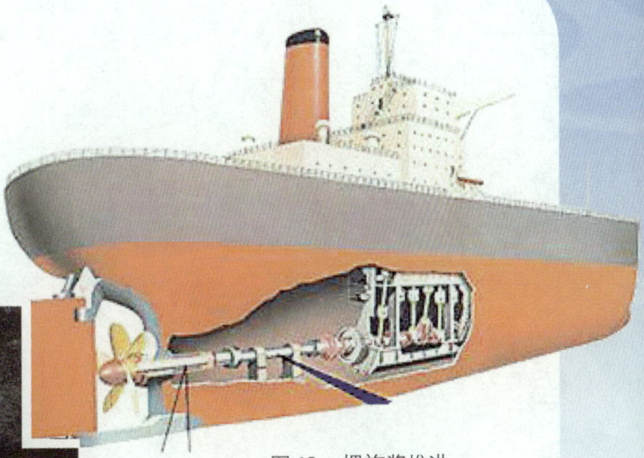

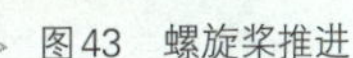

> 图43　螺旋桨推进

柴油机时代

20世纪初，柴油机开始应用在船上。到了20世纪50年代，柴油机逐步取代蒸汽机，成为船舶的主要发动机类型。目前除柴油机外，也有少数船舶采用燃气轮机或电力推进。

> 图42　20世纪初，蒸汽船上使用的三涨式蒸汽机

远
YUAN WAN

第2章 经典干货船

大家最熟悉的干货船应该就是利用起重机将货物从船上吊上吊下，采用这种装卸方式的干货船可以称为最“经典”的干货船。

火箭的海上“座驾”

火箭运输船

2016年6月25日，北纬19度，东经110度。海天丝路，椰林婆娑。“长征七号”静静伫立在海南文昌航天发射场的火箭发射架上。

> 图44 “长征七号”发射成功

“各号注意，1分钟准备。”19时59分，发射场上空传出口令，发射现场气氛骤然紧张起来。新型运载火箭“长征七号”距离首次发射点火升空已进入读秒阶段。空旷开阔的新发射场一片宁静。工作人员聚集的指控大厅一片宁静。

“5、4、3、2、1，点火！”20时00分，伴随着指挥员铿锵有力的口令，中国新一代“长征七号”运载火箭烈焰飞腾，呼啸而起，在海天之间划出一道绚丽的轨迹。

> 图45 “长征七号”

顿时，激动的人群响起如潮的欢呼声、鼓掌声，海岛沸腾了！航天测控人员的目光此时继续紧盯着穿越天际的“长征七号”。

“火箭飞行正常。”

“跟踪正常。”

“遥测信号正常。”

这次发射是海南文昌航天发射场的“首秀”。它成为中国纬度最低、离海最近的航天发射场，也是国内最先进的航天发射场。它还成为我国最适合采用海上运输火箭的发射场。

故事还要从一个多月前讲起。2016年5月8日清晨的天津港，“长征七号”将乘船前往海南文昌，这是长征系列火箭首次通过水路方式运输。执行火箭运输任务的火箭运输船“远望21”号整装待发。

火箭是高精尖的产品，火箭吊装是火箭运输中最关键的一环，稍有不慎就会使其受到损坏。火箭分段被装入特制的集装箱中，因为火箭部件的尺寸特点，这些集装箱比标准集装箱大很多，需要火箭运输船上的两台起重机双臂联吊，并与压载水调节系统协同配合，“轻拿轻放”。同时火箭运输船货舱的空间却十分有限，所以集装箱放置时的精度要求也非常高。

经过两天高难度吊装后，“长征七号”各分段的集装箱，稳稳卧在“远望21”号火箭运输船特别设计的超长货舱中，前往海南文昌航天发射场。

> 图46 “远望21”号吊起装有“长征七号”分段的集装箱

> 图47　坐落于海边的海南文昌航天发射场

5月10日下午，“远望21”号驶入台湾海峡，顺利通过六七级大风考验。5月14日下午，火箭运输船开始进入清澜港。由于日常进港货船最多为5 000吨，所以“远望21”号这个载重量9 000多吨的“大个头”让船员们慎之又慎。制订了周密的航行计划后，船员们用了半个多小时行驶完靠港前的这最后三四海里行程。至此“长征七号”结束了1 670多海里的海上行程，重回陆地。

> 图48　火箭分段吊装进入货舱

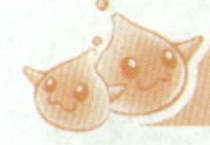

“晕车”不“晕船”的火箭

我国有四个航天发射场，分别位于酒

泉、西昌、太原和文昌。海南文昌航天发射场的启用，使我国拥有了第一个滨海火箭发射基地。随着新一代长征系列火箭开始服役，如何将这些体型庞大、技术要求精细的货物安全良好地运抵目的地，中国航天人想到了海船运输的方案。

火箭为什么会“晕车”

公路或铁路运输，路途曲折且颠簸，海运则更为平稳、舒适。衡量火箭运输是否平稳和舒适，有两个重要的考量指标——过载环境和振动环境。过载环境是一种低频晃动，过载环境差就会危及火箭的结构，就像开车时突然加速或紧急刹车时容易让人“晕车”。因此，火箭采用海上运输比陆上运输有明显优势。

> 图49 “远望21”号火箭运输船

乘坐火箭运输船的火箭不会“晕船”

为了检测火箭运输船的实际性能，技术人员在“长征七号”的芯一级、芯二级、助推器、整流罩以及火箭运输船上、装载火箭的集装箱上，布置了约30个检测点，详细记录了海运过程中火箭运输船装货、起航、抛锚、起锚、靠港、卸货，以及多种海况下航行的过载环境数据和振动环境数据。实测表明，装载在集装箱中的火箭过载环境值仅为铁路运输的三分之一、公路运输的二分之一。

国外已经有许多应用火箭运输船的案例。欧洲空间局最主要的航天发射中心位于南美洲的法属圭亚那，日本最大的航天发射中心位于九州岛西南的种子岛，这些具有水上运输条件的火箭发射基地，其火箭运输均采取海运。

“魔术师”般的空间安排——火箭运输船构造

火箭运输船是一种特种运输船，主要承担火箭的水路运输任务。“远望21”号火箭运输船是我国第一艘专用火箭运输船，由中国船舶及海洋工程设计研究院设计，于2013年5月建成，建成第三天即投入使用。船长130米，型宽19米，高37.2米，吃水约5.8米。

“远望21”号的载重吨为9 080吨，这已经是环境允许的极限值。因为“远望21”号所途经的文昌清澜港航道较窄、较

> 图50　文昌清澜港

> 图51　火箭运输船构造

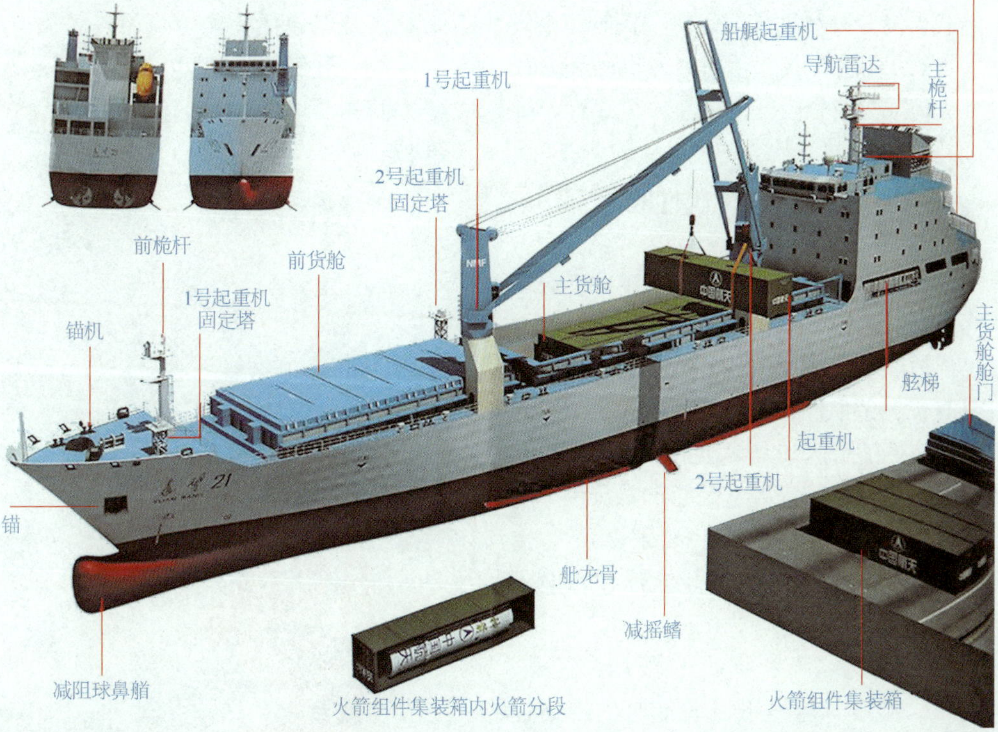

浅，航道两边是国家保护物种红树林，不能受到行船影响。

有限的载重吨，却要解决火箭运输船上设备种类多、舱室空间需求大的特点，给船上设备和系统布置带来很大难度。而且，为了保证火箭集装箱所需要的特大尺度的船舱，留给机舱的布置空间尤其狭小，更让这一问题解决难上加难。可以说，将巨型的火箭分段塞进有限的货舱，要求船舶设计人员具有“魔术师”般的高超技巧。

通过设计院所的精心设计和江南造船（集团）有限责任公司（简称江南造船）高效建造，“远望21”号设置前段和中段两个大货舱。中段货舱能够一次装入重型运载火箭分段和助推器。每个货舱旁设有一台120吨悬臂式起重机，专供吊装大尺寸火箭或火箭分段集装箱。

面面俱到的优越性能

对于火箭运输船的主要技术要求有很多，归纳起来主要有如下几点。

适航性与抗风浪性：火箭运输船需要具有优良适航性，能够全天候航行。它的抗风浪性能可达12级以上。

抗沉性：它需要有足够的抗沉性，要能够保证万一发生碰撞、搁浅等事故，造成船舶局部进水时，仍能漂浮在水面不沉没。

环境要求高：货舱的振动、过载、温度、湿度、盐度以及装卸时的摇摆控制等方面都需要达到很高的标准。为此，船上需要设计安装一整套海上环境保障系统，包括货舱空调系统、新盐雾系统，可满足恒温度、低湿度、低盐度的火箭运输要求。

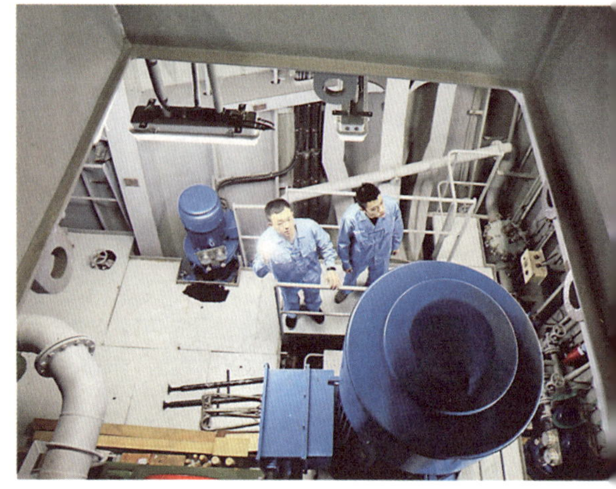

> 图52 火箭运输船的工作人员在进行货舱例行检查

> 图53 吊装中的火箭部件

安全性：有效的防护性和可靠的防火阻燃等特性。

“平衡大师”——联合减摇装置与压载水控制

为了达到火箭运输要求的平稳性，火箭运输船安装了减摇减振设备，包括减摇鳍和减摇水舱，它们组成了联合减摇装置。如果将船比作鱼，那么船上的减摇鳍和减摇水舱就相当于鱼类的胸鳍和腹鳍。减摇鳍的减摇效果受航速影响很大，在航速较高时减摇效果较好，在低航速和零航速时却不能有效减摇；减摇水舱在各种航速下均能有效减摇，但在较高航速下减摇效果不如减摇鳍。

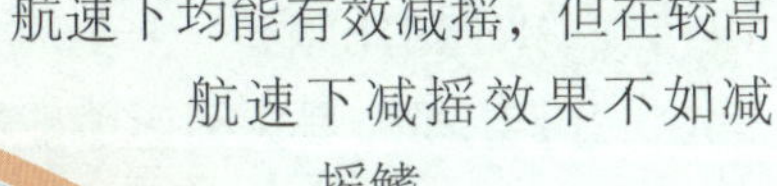

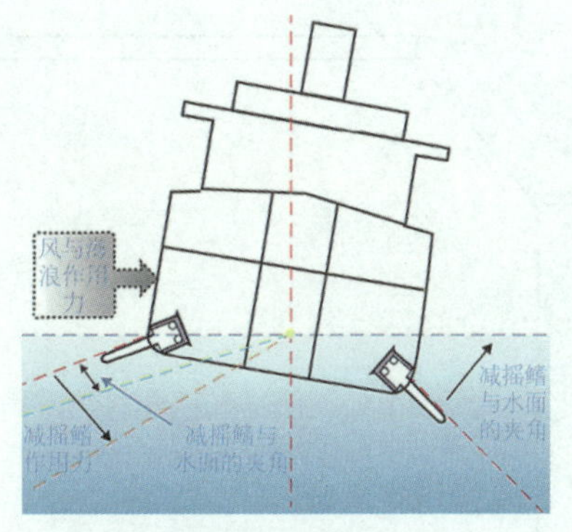

> 图54 减摇鳍示意图

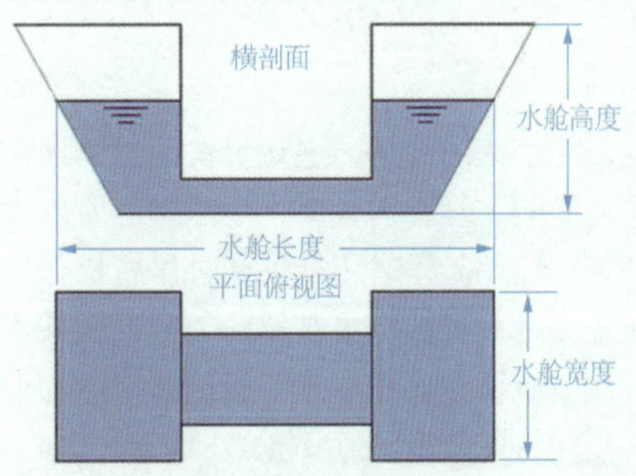

> 图55 减摇水舱组示意图

因为装运了火箭的集装箱非常重，“远望21”号上设计了压载水控制室。它的主要功能就是在吊装和运输时，控制船舶的平衡。当起重臂向船的一侧吊装大型集装箱时，通过压载水控制可以把压载水从船体一侧调到另一侧，以保持船体的平衡。

火箭运输船的压载控制室还有一个重要的作用是帮助吊臂“轻拿轻放”。当货物被起重臂吊起的瞬间，由于机械作用会

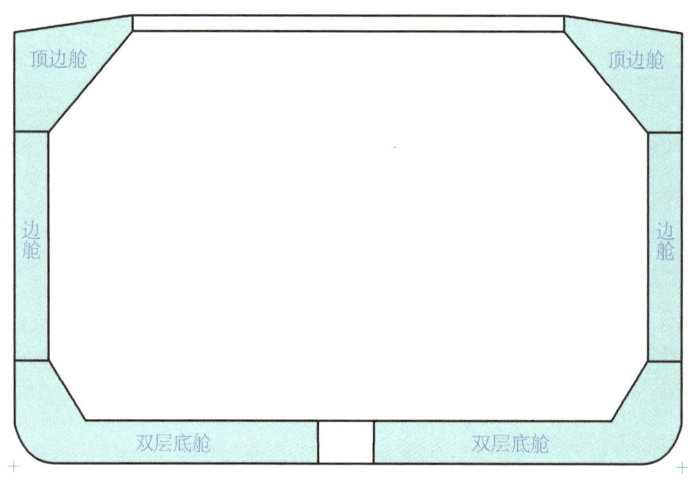

图56　压载水舱示意图

产生巨大的冲量，这对于普通货物通常没有影响，却会对火箭产生危害。所以，火箭运输船起吊时不能仅通过吊臂操作，而需要在吊臂抓牢集装箱后，结合压载水控制系统调整船身姿态，通过整个船的重心变化将集装箱平稳吊起。

图57　压载控制员在压载水控制室中工作

“重臂托青云”——“远望21”号、“远望22”号火箭运输船携手运输“长征五号”火箭

在顺利完成“长征七号”运输任务之后，远望系列火箭运输船迎来了真正度身定做的“货主”——“长征五号”。“长征五号”是我国新一代重型运载火箭系列，全长60.5米，直径5米，起飞推力1 100吨，最大近轨道运载能力25吨。它的推进剂首次采用了零下252摄氏度液氢和零下183摄氏度液氧，因此箭体内部温度极低，又被形象地称为“冰箭”。

模块化设计的“冰箭”采用两种不同型号的氢氧发动机和柴油发动机，包含3种组成模块，直径分别为2.25米、3.35米和5米。如果说其他火箭还可以考虑铁路运输，那么“长征五号”仅从中国铁路隧

> 图58　直径5米的“长征五号”火箭整流罩

道直径3.5米的限制上就不能通过，除了海运，别无他法！

装有“长征五号”产品、运输保障和电气测量设备的集装箱数量达到40件，总

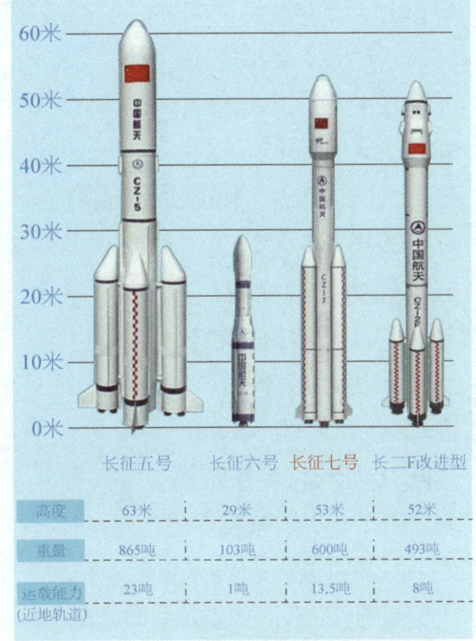

	长征五号	长征六号	长征七号	长二F改进型
高度	63米	29米	53米	52米
重量	865吨	103吨	600吨	493吨
运载能力(近地轨道)	23吨	1吨	13.5吨	8吨

> 图59　长征系列火箭的“身材”对比图

> 图60　“远望22”号火箭运输船

质量超过1 000吨，约为“长征七号”的两倍。所以，需要“远望21”号和“远望22”号两艘火箭运输船同时执行火箭吊装和海上运输任务。这也是中国卫星海上测控部首次同时启用两艘火箭运输船。

2016年8月16日，两艘火箭运输船组成的船队赴天津港，将装有“长征五号”分段的非标准集装箱相继吊装上船。这些集装箱大小各不相同，装有火箭一级箭体的最大箱长度超过30米，而国际20英尺标准集装箱长度仅有5米。由于此次运输航行在近海，航线上船舶密度大、渔网密集区多、气象复杂多变，给吊装手提出的要求是精度必须达到百分之百。

成功完成吊装任务后，经过7天的海上航行，“长征五号”顺利抵达海南文昌清澜港，随后卸载运至发射场区。

火箭运输船从构造上讲，类似于杂货船和多用途货船，只是在用途上专门为火箭运输而设计，增强了稳定性能，货舱布置与环境要求也更高。

> 图62　技术人员检查集装箱底锁，确保火箭集装箱稳固

> 图61　最大的火箭集装箱为标准箱的6倍

> 图63　驶入清澜港的火箭运输船

干货水运"多面手"

杂货船与多用途货船

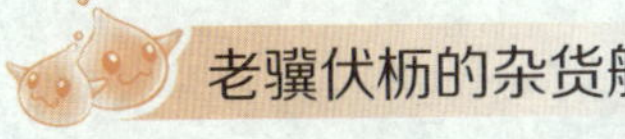

老骥伏枥的杂货船

杂货船是专门运输杂货的船。先说什么是杂货，杂货是相对散货而言的。散货主要是指各种矿石、煤炭、粮食谷物等质地均匀、无包装的货物。而杂货指成捆、成包、成箱包装的机器设备、建材、日用百货等物品。在没有散货船的年代，散货也是包装成杂货的形式运输的。

杂货的形状、重量、尺寸各异，需要大量人工参与装卸，因此装卸效率低，船舶停留在港时间长。还容易造成货物损坏、差错多，装卸、运输作业受自然条件

> 图64 放置在杂货船货舱中的杂货

> 图66 采用蒸汽机作为动力的杂货船

> 图67 “丹阳”号杂货船

> 图65 旧时背运杂货的码头工人

影响非常大。

20世纪初散货船开始从杂货船中分离出来。因为集装箱船、散货船等船型的普及，一般的杂货都通过集装箱运输，大宗零散状态的货物通过散货船运输，杂货船就渐渐只承担小规模的货物运输。凭借其适用范围广、营运成本低、经济性好等

优势，杂货船在支线货运中仍然占据主导地位。

随着干货船类型的演变发展，杂货船也有了“升级版”——多用途货船，它是本章的另一个主角。

杂货船的“升级版”——多用途货船

多用途货船最初出现于第二次世界大战，发展于20世纪60年代，由杂货船演变而来。随着货物品种和批量不断变化，传统杂货船的许多货源被集装箱船和散货船分流，其余部分货源也产生重大变化，促使杂货船在更新过程中升级为多用途货船。

多用途货船适应货物多样性、经营灵活性和装卸能力与杂货船相比都得到了增强。它的货舱容积较大，能够兼顾集装箱货物；更重要的是它的起重机比杂货船有了很大提升，目前最大起重量高达1 000吨，能够装卸和载运工程所需大型、笨重货物；航速也不慢。对于一些工程货物运输需求大的市场，多用途货船具有无法替代的优势。

我国的多用途货船发展与我国在世界各地承包工程项目产生的运输需求有很大关联。2015年，我国对外承包工程业务首次突破2 000亿美元，其中“一带一路”项目相关合同926.4亿美元。这些工程项目主要涉及铁路、公路、港口、电力、管道、园区等类型，项目所需的机械工程设备对多用途货船运载能力提出了巨大的需求。

> 图68 多用途货船的甲板可以装运集装箱货物

随着我国倡导的“一带一路”建设不断取得进展，机械工程设备、高铁等商品出口和新能源等大规模发展，相关项目的重大件货物运输将持续增长，我国的多用途货船市场未来大有可为。

“多中有专”——多用途货船的分类

多用途货船所运载干货的品种很多，按其对船舶性能及设备等的要求可归纳成五类，即件杂货、散货、集装箱、重大件货及滚装货。为了高效率地载运这五类货，多用途货船可设计为以下种类：

（1）以运输重大件、特长件为主的多用途货船。如装载风力发电用涡轮扇页的

> 图69 运输特长件的多用途货船

> 图70 以运载集装箱为主的多用途货船效果图

> 图71 以运载集装箱为主的多用途货船

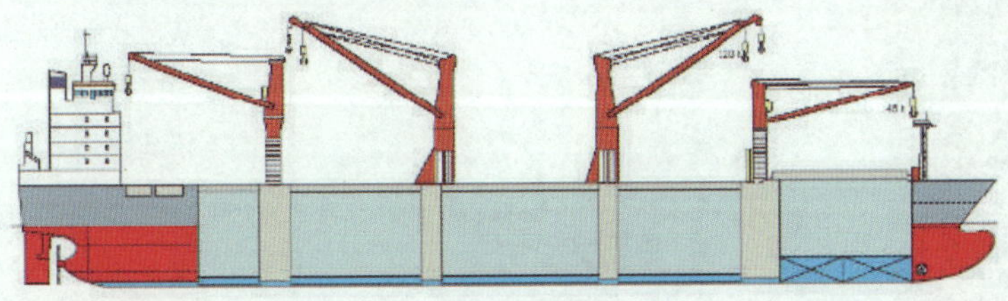

> 图72 有重吊，能装集装箱的多用途货船

多用途货船。

（2）以载运集装箱为主的多用途货船。

（3）兼运集装箱及重件货的多用途货船。

（4）兼运集装箱及重货、滚装货的泛多用途货船。

"多面手"的功力从何来

杂货船与多用途货船的构造

与主流干货船相比，杂货船的载重量不大，航速不高。远洋杂货船总载重量为10 000～14 000吨；近洋杂货船总载重量为5 000吨左右；沿海杂货船总载重量为3 000吨以下。这是因为杂货船运载的货种多，货源却不大，而它的装卸速度也较慢，船造得太大会放大这些缺点，降低经济效益。

图73 "井冈山"号杂货船

杂货船一般为一部主机的单螺旋桨船。远洋杂货船航速为14～18节，续航力为12 000海里以上；近沿海杂货船的船速为11～15节。

"麻雀虽小，五脏俱全"——杂货船的构造

杂货船作为最初的货船类型发展到现在，它的设计、建造演化也就是一部货船早期发展演变史。19世纪末至20世纪初，货船首次采用双层底，以及首次推出带压载舱的三角形货舱结构等，这一个个里程碑式的技术突破，都是最先在杂货船上实现的。

杂货船一般都设有艏楼，在机舱的上部设有桥楼。老式的杂货船多采用三岛型（即艏楼、桥楼和艉楼）。机舱多数位于船中部偏后位置，也有的采用尾机型。

为了给甲板提供更大的储货空间，杂货船的桥楼不断向船艉转移，从杂货船桥楼变化图对比可以看出杂货船桥楼向船艉发展的

> 图74　杂货船侧剖面示意图

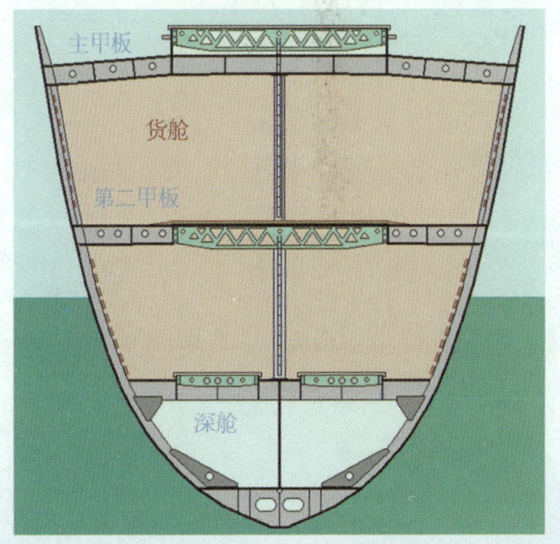

> 图75　双层底、带压载舱的三角形货舱

> 图76　杂货船桥楼变化图

过程。

因为杂货船运输的货物种类较多，有些不适合挤压，为方便货物的处理和堆放，杂货船一般设有2～3层甲板，如同仓库的“货架”。根据杂货船的大小，货舱数量有所不同，一般万吨级的杂货船设有4～6个货舱。

小贴士

续航力：指船舶一次装足燃料后，持续行驶的最大航程。运输船以设计满载吃水和服务航速为计算条件。

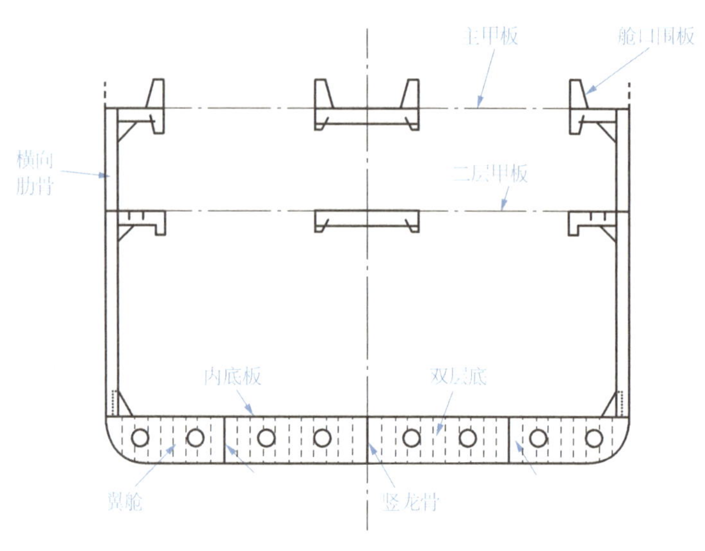

> 图77 杂货船货舱横剖面结构

> 图78 杂货船的货舱舱口比较大

大多数杂货船，每个货舱设一个舱口。为方便货物装卸，杂货船的舱口比较大。

适应新货种的多用途货船货舱

多用途货船保留了传统的杂货船载重量不大、驾驶灵活的优点，并对船舶布置进行适当改进，以提高对货物的适应性与装卸效率。大多数多用途货船设置两层甲板或活动甲板，来代替传统杂货船的多层甲板。这些甲板通常会设计为可吊离的舱口盖型，它们的高度可以方便地进行调节，以适应不同种类的

> 图79 多用途货船货舱有两层甲板

货物。

早期的多用途货船对传统杂货船的舱盖及甲板进行改造，以便能够在甲板上载运集装箱或长大件，货舱中依然装载传统的干杂货。

随着世界范围内集装箱运输业务的暴发性增长，不少船东开始考虑在货舱内载运集装箱，因此多用途货船的货舱结构开始向专用集装箱船的形式靠拢，采用类似集装箱船的大开口设计，以便载运集装箱和长大件。最终形成了多层甲板、尾机型、较宽的船宽和大舱口的现代多用途货船通用结构形式。

同时，为提高船舶承揽重大件货物的能力，便于承运大型成套机器设备，现代多用途货船常常增加货舱长度。有的多用途货船还将货舱设置成长短不一的货舱。多用途货船有些采用双排货舱形式。

多用途货船均设置舷边舱，多作压载

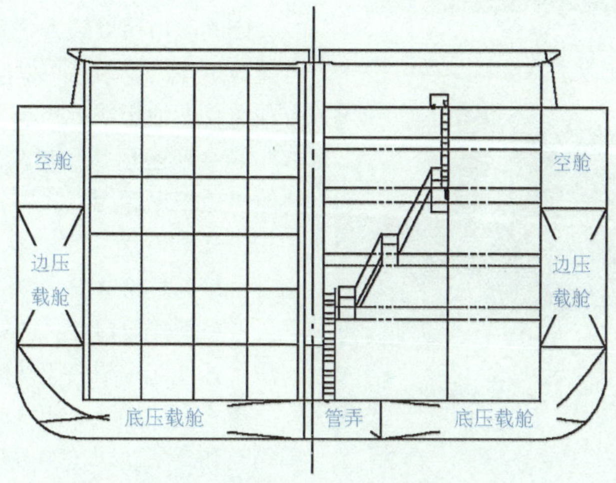

> 图80 设双排货舱的多用途货船横剖面图

舱用。舷边舱一般设置于甲板间、大舱内，或设于整个舷侧。

货舱的“守卫”——舱口盖

杂货船和多用途货船的货物进出货舱是从货舱顶部开口——货舱口吊进、吊出。舱口盖是用来打开和关闭货舱口的设备。露天舱口盖一般要求是水密或风雨密的，非密封舱口会使货舱意外进水，导致许多杂货船下沉。此外，有些舱口盖还需承受诸如集装箱、木材等甲板货物载荷，所以还要具有足够的强度，结构可靠。

> 图81 部分半打开、部分关闭的舱口盖

> 图82 正在进行货物装卸的杂货船

> 图83 吊离式舱口盖

20世纪50年代，舱口盖采用木质材料，使用时需要人工拼装和拆卸。随后出现了以钢索拉动的单拉式滚动舱盖、折叠铰链舱盖。设置在货舱上的舱口盖，因其关闭的舱口尺度较大，有时会由若干块舱盖板拼成。舱口盖可以向前、向后或向侧面滑动，抬起或折叠起来。较新的液压操作的金属舱口盖，通常可由一个人操作。舱口盖根据启闭方式可分为吊离式、液压式、背载式等。

吊离式舱口盖

吊离式舱口盖又叫箱式舱口盖，它利用吊杆或起重机将整块舱盖吊起，并放置于甲板上或码头。箱式舱口盖多用于集装箱船和杂货船。这种舱口盖还可以作为中间甲板的舱口盖。

滚翻式与折叠式舱口盖

液压式舱口盖早期是单拉滚翻式，操作时转动舱口一端的轴承，可使相互连接的小片舱口盖卷起。这种舱口盖结构较脆弱，仅适用于驳船、内河船或岸上设备。

滚翻式舱口盖后来又发展出折叠式，它先使舱口盖折叠，再向前后两端或其中一端滑动并翻立固定。折叠式舱口盖可用于杂货船、散货船、冷藏船和多用途货船等。

> 图84　吊离式舱口盖调离后堆放在一起

> 图85　滚翻式舱口盖

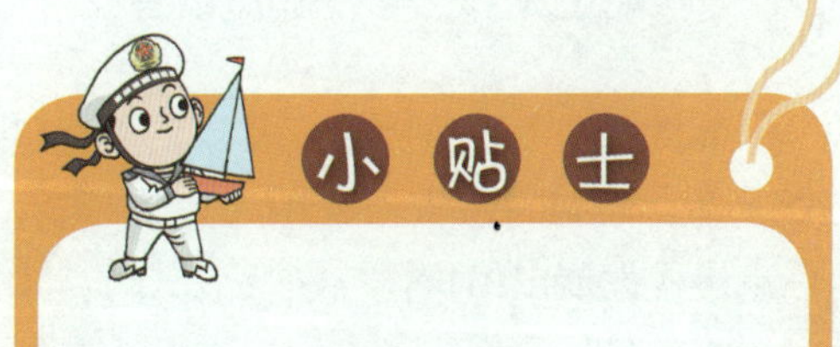

驳　船

驳船一般不自带动力，可以依靠拖船单只航行，也可与拖船或顶推船组成驳船船队，并可根据货物运输要求而随时编组。它适合于在较窄和较浅的航道中航行，所以大多用于内河各港口之间的货物运输。

背载式舱口盖

背载式舱口盖的盖板可以利用电动机上下移动，或沿船长方向移动，彼此叠放。这种舱口盖在货舱要求大开口、甲板又缺少存放舱口盖板空间时适用。

多用途货船的露天甲板舱口盖可以采取吊离式、背载式舱口盖等，有时需要将几种类型舱口盖结合使用。一些多用途货船还在舱口盖上设计了可移动的绑扎设备，以便在甲板上载运集装箱或大长件货物。

> 图87 驳船

> 图86 折叠式舱口盖

船上大力士——起货设备

杂货船和多用途货船一般都装设有起货设备。最初的杂货船采用人力装卸货，后来慢慢发展出吊货杆，以及液压回转式起重机。多用途货船多采用起重机或重型起重机。

按照装卸方向，吊装装卸又被称为“垂直”装卸。与它相对应的是“水平”装卸，应用于滚装船中。

吊杆与双杆联吊

吊杆也称悬臂起重机，是一种提升和

> 图88 安装吊杆的货船

移动重物的机械。吊杆主要由起重柱、吊杆装置和起货机组成。吊杆一般安装在货舱口两旁，普通吊货杆起重能力小于10吨，重型吊杆的起重能力则大于10吨。

如图89所示，起重柱（也可以是桅杆）固定在甲板上不动，和船艏的桅杆类似，吊杆的支撑座就在起重柱的下部。

实际作业过程中，一般由两根吊杆一起配合作业，也称为双杆联吊。双杆作业时需要将两支吊杆中靠近码头（或驳船）的一支吊杆转向接收货物的码头（或驳船），而将另一支吊杆转向吊出货物的货舱舱口。

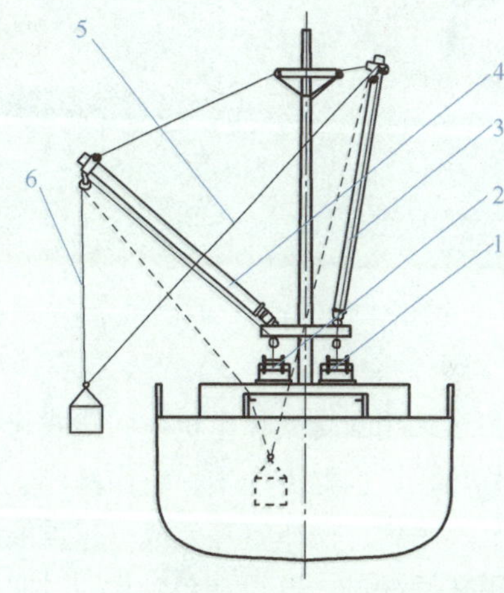

> 图90　双杆联吊示意图
1、2—起货机；3、4—吊杆；5、6—起货索

> 图89　吊杆装置图

吊杆操作比较麻烦，作业效率不高。后来又渐渐发展出了回转式起重机这种装卸设备。

回转式起重机

现在的干货船起货重量一般较大，起

> 图91　杂货船上的V型吊杆

吊设备多采用回转式起重机。回转式起重机简称吊机，也称克令吊，它由基座、回转塔架、吊臂、操作室等组成。起重能力往往不超过60吨。既可在单独作业时服务于前后两个货舱，也可在联合作业时提高起重能力。

吊机基座固定在甲板上，回转塔架支撑在基座上，由上层的操作室和下层的电机系统组成，可在水平方向上360度旋转，而吊臂根部固定在回转塔架的底部，可绕根部支点在一定角度范围内上下俯仰

> 图92　多用途货船上的起重机

（15～80度）。

起货设备是多用途货船必要的装置之

一。普通多用途货船一般将起重机设置于两个货舱口之间的船中心线上。它既可以单独作业，又可以组合使用。组合作业的起重机有好几种形式。

第一种是将两个吊机安装在同一个回转平台上。这种组合的吊机既可以在各自的回转塔架上单独工作，也可以利用公共转盘旋转到同一舱口进行装卸。

第二种方式是舱前、舱后两个单回转吊机同时对一件货物进行装卸。这种方式在处理尺寸、重量特别巨大的货物时采用。

第三种则是结合了前两种方式，在舱

> 图94 舱前、舱后两个回转吊机

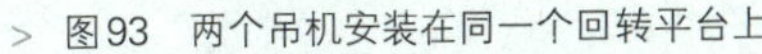

> 图93 两个吊机安装在同一个回转平台上

> 图95　四台吊机联合作业

前、舱后均配置组合吊机，一共可以把四个吊机联合起来作业。

大起重量的回转式起重机

随着重吊船的推出，回转式起重机的起重能力不断提高，设置的位置也从船中心移向船舷。目前的重吊多用途货船一般会配置2台或3台规格相同的重型吊机，它们一般布置在同一舷侧，都要求能有双机联合作业的功能。重吊多用途货船的最大起吊能力已经达到1 000吨。吊机的性能除了起吊重量外，吊臂跨距是一个重要参数，它决定了起重机的工作范围有多大。

门式起重机

门式起重机可以沿船长方向移动作业，主要用于货物装卸和吊离式舱口盖的

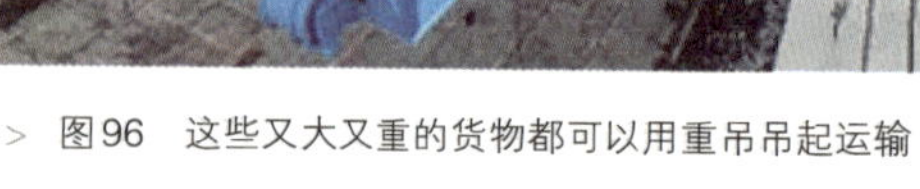

> 图96　这些又大又重的货物都可以用重吊吊起运输

开关操作。

自带起货设备使杂货船和多用途货船对码头的要求大大降低，只要水深足够、海况允许，它们在没有任何装卸设备的码头也可以停靠装卸。

> 图97　多用途货船位于船舷的重吊起重机

> 图98　大舱口货船上的门式起重机

杂货船与多用途货船家族的“明星”们

开天辟地——新中国首条万吨轮“东风”号

如今我国的造船总量已稳居世界前列，能够建造绝大多数种类的船舶，我国建造船舶的最大载重吨位更是突破40万吨。曾经有一艘区区万吨的货船，获得了当时全中国人民的关注和支持，它的建成在当时的意义犹如今天的国产“大飞机”。这是一艘怎样的船呢？

这艘货船就是新中国的首条万吨轮——“东风”号，它是一条典型的杂货船，设有起重量60吨的重型吊杆，能够运载一般包装货物、散装货物、冷藏货物、大型设备等。它能在海上连续航行40个昼夜，航迹远至欧洲、非洲和美洲。

设计完成，船下水了

新中国成立后，我国对外贸易有了很大发展，当时的远洋船队远远不能满足贸易需求。20世纪50年代我国自有船舶仅能满足全部海外贸易量的4%，其余运输全部需要租用国外船舶完成，建造自己的万吨货船已经箭在弦上。交通部远洋运输局与船舶工业局一机部九局二室（即现在的中国船舶及海洋工程设计研究院）签订设

图99 “东风”号下水

> 图100 “东风”号杂货船

计合同，并由江南造船厂建造。

“东风”号的设计人员加班加点，3个半月就拿出了设计图纸。针对万吨轮生产技术的关键环节，江南造船厂先后进行了300多项重大技术革新，改进工艺和设计180余件，工厂机械化程度由原来的37.9%提高到97.8%。经过精心建造，万吨轮下水了。

举国合力闯关

“东风”号下水后，接下来的工序是船体内部建造过程。“东风”号的建造材料和配套设备得到了全国各地的大力支持。首先要解决的问题是船舶的柴油机建造。柴油机是船舶的“心脏”，要想制造出功率相对较大的重型柴油机，首先必须要配备铸、锻、加工、热处理、起重机等建造设备，几乎需要建立起一整套环节的设备。其次，需要高质量的原材料、熟练的技术工人和经验丰富的技术专家。然而，在当时的环境下，这些必要条件却没有一样是具备的。于是，“我国自研船用柴油机原创基地”的沪东中华厂（前身为沪东重机）和上海船厂的造机系统与船舶

> 图101 “东风”号船模

设计院、上海交通大学共同组成了产学研“三结合”设计组。

1965年6月，经相关专家评估，6 577千瓦（8 820匹马力）柴油机及所属辅机和设备的性能已基本满足设计要求，可以正式安装到“东风”号上。这不仅填补了中国船用柴油机的空白，也为今后国产机的研制和国际先进船用重型低速柴油机的引进生产打下了坚实的基础。

据统计，参与研发“东风”号上的主辅机、仪表仪器等配套设备的协作单位涉及当时全国18个部委、16个省市所属的291个工厂和院校，提供了多达2 600项设备和器材，其中新试制船用产品达40余项。船用高强度钢由当时的冶金部钢铁研究所与鞍山钢铁公司共同研制。船用电罗经是我国自行设计制造的第一台电罗经。

这样一场全国大协作让“东风”号能够克服重重困难，耗时7年终于建成。现

> 图102 航海-Ⅰ型电罗经

奖状

为表扬在我国科学技术工作中作出重大贡献者，特颁发此奖状，以资鼓励。

全国科学大会
一九七八年

> 图103 “东风”号获奖证书

在我们建造一条商用船舶平均只需要一年左右的时间，而且常常远超万吨，像“东风”号这样长的建造时间在如今是难以想象的，充分反映了我国造船业起步时期的艰辛，更让我们赞叹今天的造船成就。

“东风”吹响号角

建成后的“东风”号总长161.4米，型宽20.2米，型深12.4米，航速17.3节，可持续航行12 000海里。船上的重型柴油机的发电量可满足一个10万人的小型城市当时的照明需求。

“东风”号于1965年试航。交船之后，它在国内航线试运营两年，共计航行3万余海里，运载30余万吨货物和2万余人。之后它又开辟了中国—日本和中国—加拿大航线。

就这样，中国自行设计建造的第一艘

万吨级远洋货船“东风”号开始了它的海外货运生涯，后来它又被评为“中国十大名船”之首。国际上将能否设计建造万吨轮作为衡量一个国家船舶工业水平的标志，“东风”号的建成为我国大批建造万吨级船舶奠定了坚实基础，迈出了我国造船行业新生的第一个坚实步伐。

> 图104 “海建”号多用途货船

60年代以后，我国陆续建成多型海洋运输船舶、长江运输船舶。因杂货船用途广泛，适应性强，在相当长的一个时期里，活跃在各类货运市场。上海船厂建造了更多“风”字系列货船，沪东船厂建造的“阳”字系列货船，都是典型的杂货船。

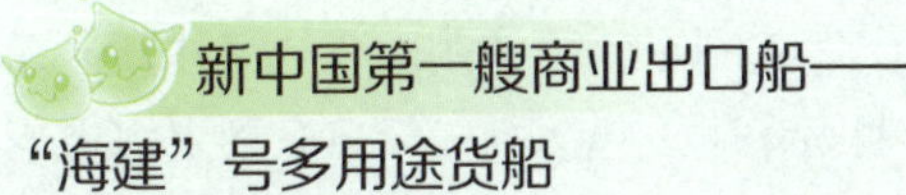

新中国第一艘商业出口船——“海建”号多用途货船

1981年建成的“海建”号（SEA ARCHITECT）多用途货船，是新中国首次建造的出口船舶。它是一艘适合装运集装箱、杂货、散货和机车车辆等货物的多用途货船，总长164.3米，型宽22.86米，载重量17 588吨，航速18节。

“海建”号由香港船东定造。20世纪70年代末，多用途货船不仅在我国从来没有设计和建造过，就是在国际上，也是刚刚开始兴起。这种船不仅技术要求高，而且进口设备多，可供参考的资料少之又少，困难可想而知。

“海建”号设计为无支柱的双列型大舱口货舱，以便装卸集装箱与大型货物等，并且多数设备实现国产化。通过设计院所和船厂的高度重视与通力合作，设计人员克服了不了解国际造船规范和惯例等困难，还采用了当时的先进技术。船舶的振动情况和国外某些同类型船相比好很多，舱室装潢又带有东方色彩。

电罗经

电罗经又称陀螺罗经，它能自动、连续地提供舰船的航向信号，从而满足船舶导航需求，如同船上的“指南针”。

图105 “海建”号多用途货船下水盛况

通常来说，造船双方签订的合同不仅要约定船的具体参数、技术要求等，还要对船舶交付期限和延期以及赔偿等方面做出规定。而船东司徒锟为了支持国家造船工业发展，在订造“海建”号时，却没有在合同中规定确切的交船日期。当时，一艘船的建造周期为2～3年，但“海建”号从1977年宣布订造至1981年初下水，却用了将近5年时间。在那个年代，5～7年的时间足可以让一艘船通过投入运营收回建造成本了。不仅在建造周期方面提供很大支持，船东还在技术方面鼎力相助，对建造工艺及施工技术上提出了很多可行性建议。

“海建”号的成功建造，对于中国船舶出口起到了示范作用。在“海建”号建造期间，船王包玉刚曾亲自来到上海中华造船厂参观，借“海建”号来实际考察国内的建造能力。随后，香港环球航运集团包玉刚和包玉星兄弟订造了“长城”号、“望远”号、“世沪”号、“世宜”号等一批万吨级远洋船舶。

为非洲航线量身定制的5.55万吨系列杂货船

一些欠发达地区港口，由于缺少岸上装卸设备，往往需要自带起货设备的杂货

船运输。有些装运重大件货的杂货船也配备了重型吊机，进一步提高了重大件货的装卸能力，增强了对码头的适应能力，港口和航道的运营管理费用都比较低。此外，相对于散货船、集装箱船等专用货船，杂货船的船体结构简单，建造成本相对大大降低，因此特别适合诸如非洲及中东地区的航运需求。

2017年初，我国为非洲航线定制的5.55万吨杂货船系列，就是针对欠发达的非洲地区港口设计的货船。这系列杂货船的总长189.99米，型宽32.26米，型深18.5米，设计吃水11.3米。它的主机油耗低、效率大，配备了最大起吊重量为90吨的重型吊机，揽货范围广。

特别值得一提的是，为了更好完成运输任务，中华门系列杂货船突破了常规杂货船的载重量限制，成为我国建造的杂货船吨位之最，也是目前世界上最大的双层甲板船。它的伙伴“中央门”号、“中山门”号和“中兴门”号也先后投入运营。

“用船运船”——游艇运输

游艇业作为水上新兴的产业，其生产

> 图106 5.55万吨系列杂货船之“中华门”号

> 图107 “黄海开拓”号杂货船

和消费地有时离得很远，所以新造游艇的运输成为一项重要工作。由于游艇尺寸、重量超出一般海运货物标准，价值又较高，对于运输有非常高的要求，采用运输方式灵活的杂货船或多用途货船往往成为一种较好的选择。

和火箭运输相同，游艇运输时的吊装工作也非常关键。工作人员需要将游艇内部的所有设备、器具仔细包好，固定妥当，以免在吊装过程中受到损害。在吊装前，需要仔细计算吊臂、绳索的承重和绳索绑扎的位置。在吊装操作时要保证吊臂和绳索、各种固定装置的稳固，保持艇身平稳。当游艇被放置到甲板上专门设计的支架上时，为了在航行过程中保持固定，

> 图108 游艇被吊装上船

> 图110 “大良”号成功吊装体积超过16 000立方米的巴西奥运渡轮

> 图111 等待上船的高铁车厢

还需要对一些部位采用焊接方式。等下船时再割断这些焊接。

通过仔细安排无数的细节，才能将庞然大物如游艇这样的货物安全送达目的地，这不啻一场安静的战斗。

除了游艇，还有许多大型设备可以采用

> 图109 装满游艇的杂货船

> 图112 游艇被卸下货船

这种方式运输，具体操作时都需要操作人员设计详细的方案，进行精心策划与操作。

船对船装卸的创举——重吊多用途货船“大安”号

一场大型风电设备的“接力跑”

2018年4月的一个夜晚，连云港东泰码头，9 000吨的多用途货船“海王之星”号与28 000吨重吊多用途货船“大安”号并排靠岸，“海王之星”号在“大安”号外侧。随后，两艘船以船靠船装卸的方式，将“大安”号上来自丹麦的风电主机设备装载到“海王之星”号上，再由“海王之星”号转运日本，从而首次实现了船靠船装卸操作的国际中转。

> 图113 船舱中的风机设备

> 图114 肩并肩作业的“海王之星”号与“大安”号

这些风电主机设备为12件，单件重达80吨，总体积超过4 000立方米。这次船对船装卸充分利用了“大安”号上360度全回转式起重机，将货物灵活地从“大安”号吊装到“海王之星”号上，极大地简化了转运过程，开创性地完成了任务。

若按照传统作业方式，“大安”号需要先将货物卸到码头，通过卡车转运到堆场，采用吊车卸货。待“海王之星”号到港后，再次采用吊车将货物吊上拖车，运到船边。由于“海王之星”号没有船吊，只能借助这个港口唯一的固定岸吊吊装货物。而岸吊无法前后移动，每装一件货物须移船一次，共须移船12次。

“大”字号系列重吊多用途货船

“大安”号建成于2013年，与其姊妹船投运于中国至东南亚、欧洲及澳大利亚等航线，用于大型风电设施设备的运输。这一批2.8万吨“大”字号重吊多用途货船，总长179.67米，型宽28米，型深14.8米，设计吃水9.2米。它们的最大起吊重量为700吨，装载的货物品种多样化，航线速度快，环保、安全性好，适合装载超长、超大、超重型的特种货物。

这批船的驾驶台设置在船艏，以避免货物对驾驶视线的影响。船上设置了3个货舱，第二货舱长54米，与一般设计相比，减少了货舱数量，增加了货舱长度，以满足重型、大型货物需求。货舱采用大舱口的设计，舱口盖采用折叠式与吊离式组合。回转式起重机安置在甲板一侧，机舱烟囱与吊机在同一边，超长连续甲板达到150米，充分考虑了大长件货物的摆放空间。船上还设置了艏侧推。

这一系列船通过对船体主尺度、线型、高效推进器和水动力节能装置综合优化设计，降低主机油耗。以现在成熟的绿色环保理念，采用水润滑轴系设计、辅机废气预热回收利用、独立分油系统等，满足各项新规则、规范要求，达到国际同类船型领先水平。

> 图115 2.8万吨重吊多用途货船“大安”号

> 图116 重吊多用途货船“大吉”号

中远盛世
COSCO SHENG SHI

第3章

水平装卸的滚装船

不同于一般货船利用船吊或岸吊进行的“垂直”装卸，滚装船是利用车辆上下船，以“水平”方向装卸的干货船。它装运的货物主要是汽车或放置在拖车等轮式设备上的货物。

飞机大部件的“海上座驾”

飞机运输船

空中客车（简称空客）A380是世界上最大的客机，它是采用四引擎的双层客机，机身长73米，机翼长79.8米，最多可容纳853名乘客。这样一个庞然大物，它的部件却是在欧洲不同地方生产的。因此，在每一架空客A380组装完成之前，这些飞机部件的大型“家族成员”们都要乘坐飞机运输船进行一次“团聚之旅”。

空客A380家族的“团聚之旅”

飞机运输船的行程从德国易北河的汉堡港开始，前部机身和垂直尾翼先登船，前往英国。在威尔士北部的布劳顿，机翼加入“乘客”队列。在法国西部的圣纳泽

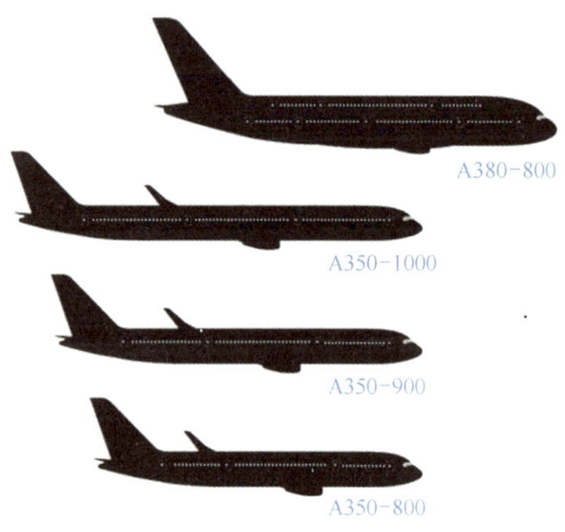

> 图117 空客A380与空客其他型号飞机尺寸对比图

> 图118 正在装船中的飞机机翼

> 图119 聚集一堂的空客A380家族成员

尔，来自汉堡港的前部机身被加上机鼻驾驶舱组件，组装成较大的尺寸。

接着飞机运输船又要接上产自西班牙南部的机腹和水平尾翼，并送往法国波尔多集合。这些A380大部件成员们通过驳船、公路车队的接力运输，最终到达位于法国图卢兹的空客飞机组装厂。

这一路风尘仆仆的功臣之一是飞机运输船。它是中国外运长航重工金陵船厂（简称金陵船厂）为欧洲空中客车公司制造的，它们中第一艘“波尔多城”号，也是世界上第一艘空客A380飞机大型部件的专用运输船。

> 图120 飞机运输船

飞机大部件为什么要坐船

空客A380是由法国、英国、德国和西班牙共同投资建造的，它的六大部件分别产自这四个国家：机翼在英国制造，机身部分来自德国和法国，水平尾翼在西班牙制造，垂直尾翼在德国制造。

空客飞机最大的部件长度将近50米，夹具76米，质量超过100吨。由于这些部件在运输过程中绝不允许表面擦伤、碰撞，不能受压、受拉、发生变形，对整体性要求很高，给运输带来很大挑战。

其他的空客机型可以使用世界上最大的“大白鲸”超级运输机运输，到了空客A380，“大白鲸”也爱莫能助了。因此，这些空客家庭成员们必须先乘船，经过上千公里的水路，最终“团聚”组装成完整的飞机。

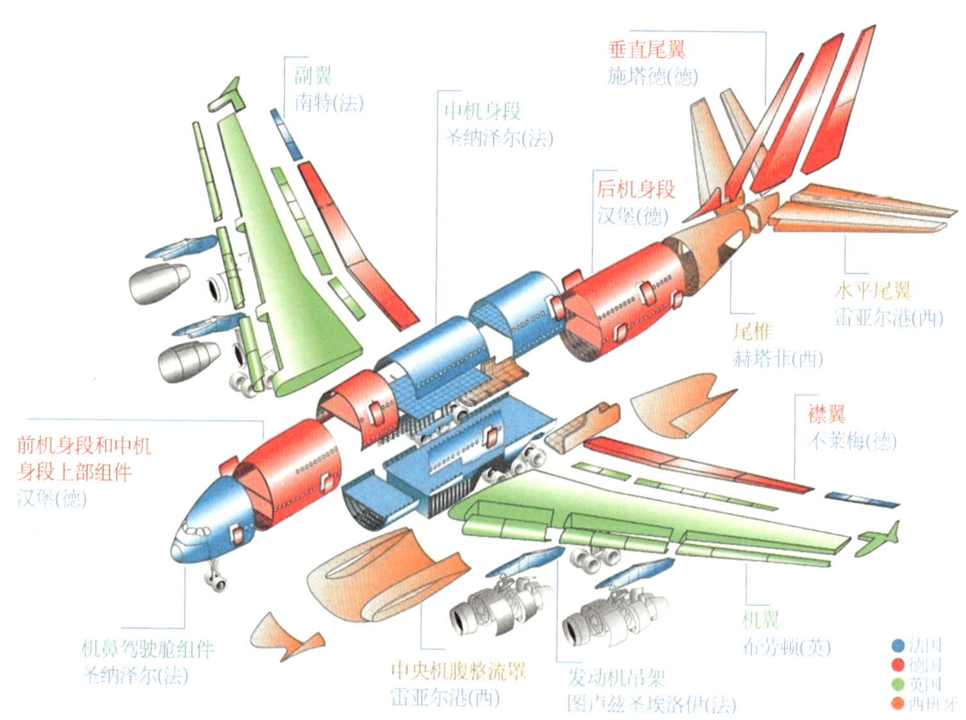

> 图121 空客A380各部件生产国

为飞机运输船开一扇机身大部件那么大的门

“波尔多城”号飞机运输船总长154.15米，甲板面积6 720平方米，载重5 200吨。为了配合空客A380部件的超大尺寸，船艉部的水密艉门设计为高22米，宽14米，这也创下了世界上现有的滚装船艉门尺度的纪录。

“波尔多城”号飞机运输船的货舱设计为上下两层载货甲板，并各有一层可升降的活动载货甲板，载货甲板设计符合国际规则规范对车辆危险品的运载要求。上货舱长120米，宽21.9米，高11.5米。

> 图123　即将装入船舱的飞机前部部件

不同于一般的滚装船艉门艉跳板一体的设计，“波尔多城”号的艉门艉跳板是两套独立系统。装卸货物时，巨型液压艉门向上张开，而艉跳板向下伸向码头，供车辆驶入货舱。跳板由两块组成，既可以连成一体，也可分开使用。船的甲板也与众不同，为了承受飞机部件的重量，甲板采用超强材料制成，每平方米承压达50吨，是同类船只的5～10倍。飞机进入船舱的跳板更可承受高达200吨的重压。

> 图122　“波尔多城”号飞机运输船拥有一个巨大的艉门

一船多用更经济

为提高运营经济性能，设计师为“波尔多城”号设计了两大类运输状态：一类是运输飞机主体部件；另一类是运输汽车、卡车拖车及车载危险品、集装箱等货

> 图124 “波尔多城”号回程可以运载火车车厢等货物

物。当运送飞机时，可将活动甲板整体向上提升至舱顶，收于天花板下，使货舱空间最大化；运送其他货物时，则可降下活动甲板，达到最合适的高度，多装货物。相邻甲板间有活动跳板相连，各种车辆可沿跳板驶上各层甲板。

同火箭运输船一样，飞机运输船也需要控制航行中货物受到的各种影响。因为飞机部件在不同航行速度下受到的冲击力不同，船上还装有专门仪表进行监测，随时提醒船员注意调整船舶航速，避免给飞机部件造成损害。船上货运舱装有空气湿度和盐分表，通风系统会判断货舱里的空气是否适合飞机部件需要，并及时进行去湿以及过滤等处理。

“波尔多城”号于2004年投入使用。

> 图125 货舱中的飞机组件

> 图126 “加迪斯城”号飞机运输船

2008年和2009年，“汉堡城市”号和“加迪斯城”号滚装船分别投入使用。从2012年开始，随着空客A380生产速率的提高，空客又包租了第四艘货船，这艘船除了运送空客A380大部件外，也承担空客其他机型的一些大部件运输任务。

飞机运输船是一种特殊的滚装船，它将飞机大部件放在拖车上，再通过牵引车辆进行运输。除了飞机，其他大型设备也可以采取这种方法运输。

车辆的水上“搬运工”

车辆滚装船

大家可能会问，滚装船装运的货船能不能采用吊装方式的船运输呢？答案是可以，但不经济，有时也不方便。要理解滚装船运输的优势，需要先了解滚装

> 图127　汽车驶出滚装船

船的知识。

> 图128　能够运输重型车辆的滚装船

滚装船的分类

根据所运输货船类型，滚装船可分为车辆滚装船（汽车运输船、汽车/卡车运输船）、货物滚装船，车客滚装船和火车渡船。

车辆滚装船是运输汽车、卡车、工程车辆等车辆产品的滚装船。由于滚装船在运输过程较少需要辅助装卸设施，装卸简化，货物损伤小，运输成本低。目前，滚装运输已成为世界上主流的汽车海运方式。

> 图129　货物滚装船

货物滚装船可以运输集装箱、大型工业设备等货物。运输时，需要先将这些货物放在运货托盘上，再由拖车将托盘与货物一同装上船，进行运输。

车辆滚装船的“身世”

滚装船是在登陆艇和汽车轮渡的基础上发展演变而来的。二战后，英国曾用退役的登陆艇开辟一条通往德国汉堡的定期航线，装载货物的车辆可直接登上陆岸。这是在交通运输史上具有划时代意义的事件，从此海洋运输开创出了新的形式——滚装运输。

世界上第一艘滚装船“彗星”号是美国于1958年用货船改装的。此后，这种类型的船在北欧发展应用较多，其他

登陆艇

登陆艇是用于登陆作战的舰艇。它在艇艏设有与艇同宽的艏门兼做跳板，船舱为敞开式，可驶入浅水区和岸滩供人员、车辆、坦克等登陆。

> 图130 “彗星”号滚装船

世界海运发达国家也有使用。1967年法国建造了第一艘远洋滚装船，载重量10 000吨。后来又出现了超过20 000吨的滚装船。

20世纪60年代末，在集装箱运输发展的基础上，出现了集装箱滚装船。使用这种船，可以省去许多集装箱的装卸、起重设备，简化装卸程序，还可以前往不具备集装箱装卸条件的码头。

> 图131 登陆艇

有了滚装船，汽车与船可以配合构成海上运输和公路运输的集成运输系统。

汽车产业催生的汽车滚装运输船

由于欧洲和日韩在汽车工业上发展较早，在很长一段时间里，世界主要滚装船运输市场在北欧和日韩，汽车滚装船经历了几代的发展。

纯小汽车滚装船

纯小汽车滚装船专门用于运输标准小汽车，它的甲板高度和装载坡道为1.8米，可以在不使用起重机的情况下在船上驱动/滚动货物。纯小汽车滚装船最初出现在20世纪60年代，用于从德国大众汽车公司往北美地区的汽车运输。70年代，日本就建造了4 200车位的汽车滚装船。目前滚装船“车位”定义由来的车型就是该船型运输汽车的典型代表。

> 图132　集装箱滚装船

> 图133　纯小汽车运输船

> 图134 汽车/卡车运输船

汽车/卡车运输船（PCTC）

汽车/卡车运输船用于小汽车和卡车运输，跳板最大承重320吨，甲板高度达6.5米，通常船长200米以下，使用比较灵活，是现在主流的汽车运输船。

大型汽车和卡车运输船（LCTC）

21世纪初，随着大型工程车辆市场发展需要，汽车滚装船能够承运的汽车规格进一步提高，出现了LCTC，它的船长超过200米，跳板承重超过PCTC，容量7 000车位以上。

Mark Ⅴ型汽车运输船

近年来，又有公司推出了更新型的汽车运输船Mark Ⅴ。它拥有超过50 000平方米的甲板面积和12米宽的斜坡，一次通过坡道的重量达500吨，运输船节能环保

> 图135 Mark Ⅴ型汽车运输船

等方面性能也得到很大提升。

我国车辆滚装船的发展历程

我国的滚装船市场以客滚船起步，始于20世纪70年代。随着我国汽车工业发展，以及全球汽车制造基地转移，车辆滚装船也随之发展。我国汽车生产企业主要集中在沿海和长江流域，形成了分布在珠江经济带、长江经济带、环渤海经济带及东北经济带的几个主要基地。这样的生产布局既近海又靠内河，非常适合采用滚装运输方式。

此外，我国国民汽车消费升级对进口汽车的需求也不断扩大，每年进出口整车数量都达几十万辆之多。在进口汽车运输方面，车辆滚装船也大有可为。

> 图136 “大丰港”号车辆滚装船

这个海上“立体车库”有点酷

车辆滚装船的构造与设备

车辆滚装船船身高大，整个船舱为了适应汽车等货物的停放，设计为一个整体的大货舱，并进行了灵活、合理的分隔。滚装船上最主要的设备是：艉门和舷门，跳板，斜坡道和升降机。

身材“高、大、上”——车辆滚装船构造

车辆滚装船的主体货舱位于水面以上，由于需要为车辆货物设置多层甲板，并且为货物周边留出一定空间，滚装船的货舱容积利用率比一般货船低。因此与同吨位的其他货船相比，滚装船外形要高大许多。

滚装船的大小一般用货物甲板的车道长度来衡量。对于纯小汽车运输船，则可用车位（按照日本首次向北美出口的卡罗拉皇冠型号汽车为标准车位）为单位衡量。

车辆滚装船在外形上具有显著特点，它拥有从船头贯穿到船艉的箱式上层建筑，用来将货物完全包围和保护起来。一般的滚装船设计为球鼻艏，舯部线型平直，艉部是方尾。车辆滚装船的船艏部是居住舱室，艉部是机舱，烟囱置于两舷，中部是个平整的大货舱。因为装卸方式的关系，它不像前文介绍的那些干货船，它的上甲板没有货舱口，也没有起重设备，所以为平整板面。

车辆滚装船的货舱有些像陆地上的立体车库，在货舱内有多层甲板，分布有汽车货物行驶的坡道或停放的平台，目前甲板数量最多的已超过10层。为了充分利

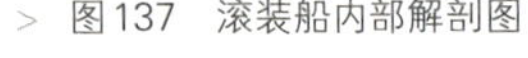
> 图137 滚装船内部解剖图

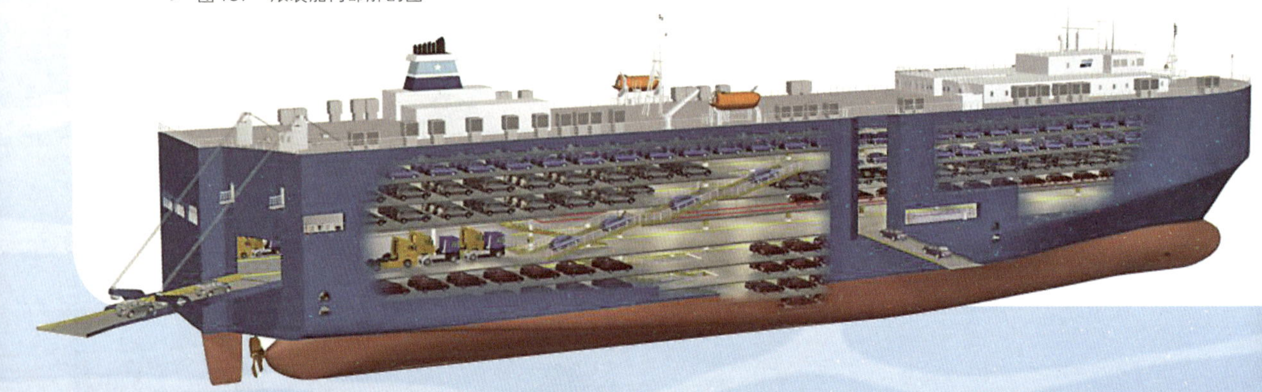

> 图138 同时设有艉跳板和舷侧跳板的滚装船

用货舱容积，适应不同高度的车辆货物需求，货舱中的平台有的设置为活动的。平时，活动平台可翻起贴着舷侧，或者升起置放于上层甲板下；需要使用时，可将活动平台放下。

车辆滚装船的上层建筑部分甲板层数多，这一构造造成它重心高、稳性较差。为了减少稳性差带来的不利影响，滚装船设有专门的防摇设备如防摇水舱，以减少船舶摇摆；为了操纵方便，滚装船艏部设有艏侧推，可向任意方向转动，便于船的

> 图139 车辆滚装船上甲板

回旋。

为使车辆在舱内通行无阻，货舱内不设作为水密结构的横舱壁；舱内作为支承结构的支柱也很少。因此，车辆滚装船的结构强度和抗沉性较差。这些特性对它的设计都提出了更高要求，由于车辆滚装船的这些构造特点，它的造价也比较高。

> 图140　汽车运输船货舱平台

灵活“筑路”——车辆/货物滚装船的通道

由于车辆滚装船装卸的都是轮式货物，如何为这些货物在船岸之间或滚装船内部搭建起类似“道路”的货物通道，让其畅行无阻，就成为滚装船的特有设计。

> 图141　滚装船货舱

> 图142 车辆驶下直跳板

跳板

跳板是车辆滚装船上特有的设备，它架设于船舶与码头之间，具有一定的承重性能，形成带轮货物进出船舱的通道。跳板的形式有三种：直跳板，斜跳板和回转跳板。

直跳板是沿船的长度方向设置的跳板，它的宽度接近于船宽，相当于将船上的汽车甲板一直延伸到岸上。直跳板形式简单，装卸效率高，但要求艉部停靠泊位，船长方向与岸成直角，故会受到码头条件限制，一般适合内河车辆运输船采用。

斜跳板，它与船体中心线成一定夹角，由几节跳板组成，大多数情况下用作艉跳板。斜跳板比直跳板灵活，适应潮水能力强，船体只需与码头平行方式停靠即可。在不用时，多将斜跳板折叠后收藏。

> 图143 兼做艉门的折叠式艉跳板

滚装船的跳板位置可以在船艏、船艉或舷侧，一般的滚装船都会设置艉跳板，而艏跳板和舷侧跳板则要根据船舶大小、载货情况和航线情况等因素而定。舷侧跳板适合沿途停港频繁上下货的滚装船，需要设置并设计为平台形式，利用码头叉车和舱内叉车传递装卸货物。

艏艉门和舷门

车辆滚装船的外部常会设置艉门，有

> 图 144　船艉斜跳板

> 图 145　艉跳板收起后又可兼做艉门

> 图 146　双艉门

些还会设舷门或艏门，并达到水密门要求，艏艉门位置一般也是跳板位置。跳板有时可兼做水密门，若跳板较长，可折叠后作为水密门。

有的滚装船为了提高装卸速度，还会设置双艉门。

艏门有两种形式，向两舷侧开的艏门适合艏部较宽的滚装船，帽式艏门则适合艏部较瘦削的滚装船。由于海上航行时船艏易受到风浪冲击，故应特别加强结构强度并紧锁于船体之上。

内部坡道和升降机

车辆滚装船舱内各层甲板间的通道有内部坡道和升降机。车辆由内部斜坡道进入货舱，而无动力货物则由大型升降机来堆放。

内部坡道分为固定坡道与活动坡道（可拆除）两种。为充分利用空间，可设计为铰链连接的多用途坡道，同一条坡道可与不同甲板连接。当处于收藏位置时，又可提供甲板载货面积。

升降机与内部坡道相比，占用空间较小，对甲板强度的影响也较小，还减少车辆在舱内排放废气。具体设计中，一般将内部坡道与升降机结合使用。

车辆绑扎设备

因为汽车滚装船航行时不可避免会产生摇晃，为确保汽车商品能够稳固地处于固定位置上，每个货物车位上都有防止滑动、移动的“安全带”——绑扎带。

> 图147　帽式艏门

> 图 148　滚装船内部固定坡道

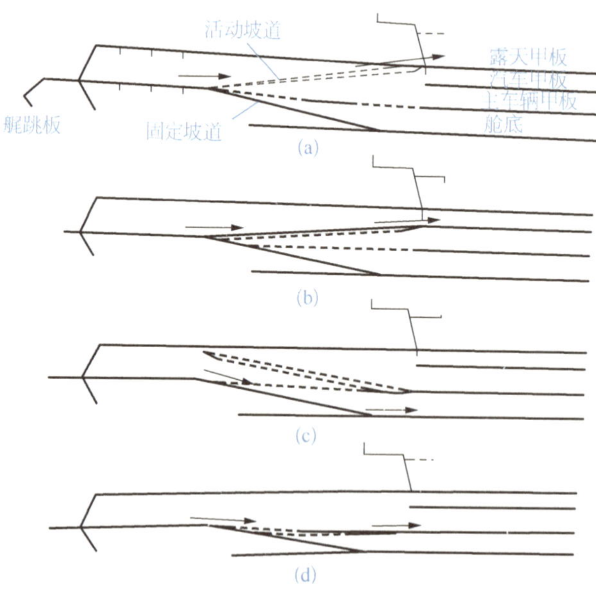

> 图 149　滚装船的坡道示意

> 图150　滚装船内部活动坡道

> 图151　停放有汽车的内部活动坡道

> 图152　车辆滚装船绑扎

运货托盘

除了汽车货物，滚装船还可以通过牵引车和运货托盘运输大型、重型机械设备。这些托盘下部有滚轮，上部装载各种类型的货物，货物与托盘可以整体运输，提高效率。

加重托盘用于像锅炉、发电机、变压器这样的重货，到达舱内用液压千斤顶抬升货物，移走托盘。

> 图153　运输特长货物的托盘

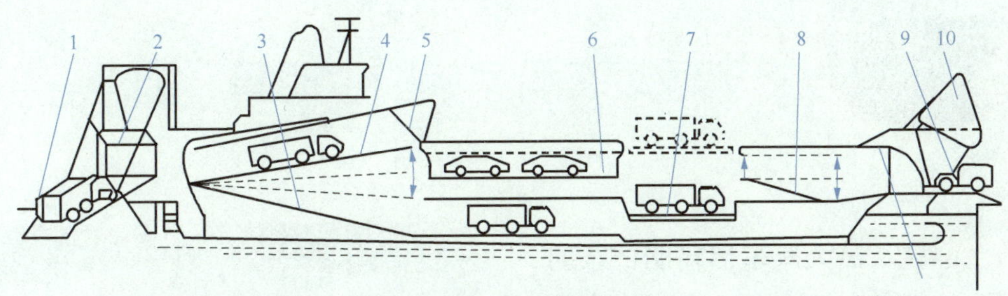

> 图154 滚装船装卸作业示意图

1—艉跳板；2、5—水密门；3—固定坡道；4—多层活动坡道；6—升降平台甲板；7—升降平台；8—升降平台甲板坡道；9—艏跳板；10—艏斗门

陆路到水路“无缝链接”——车辆滚装船工作特点

“架桥修路、畅行无阻”——码头适应性强

由于车辆滚装船灵活的装卸方式，它不需要船与岸上提供起重设备，无论港口设备条件好坏，只要能放下跳板，就如同在船与岸之间修建起“桥梁”，铺设好“道路”，滚装船就能开展高效率的装卸作业。

车辆滚装船在运输时，停在码头上的车辆由专人驾驶，依次驶上滚装船外部跳板，并通过各层甲板间活动的斜坡道或升降平台，直接驶入各层甲板。进入指定位置后，要进行绑扎操作。

运货效率高

车辆滚装船的航速一般为16～25节，大型远洋滚装船的航速通常较高。普通的车辆滚装船每小时装卸货物量可达1 000～2 000吨，装卸效率高相当于普通杂货船的10倍。而对于目前一次通过跳板的运量最大可达500吨的车辆滚装船，装卸效率更是大大增强。较高的航速加上高效的装卸，使得车辆滚装船运货效率很高。

车辆滚装船在运输过程中较少需要辅助装卸设施，运货方便快捷，运输流程少，可以从发货单位到收货单位“门—门”直接运输，因此也减少了污染，有效降低了碳排放。

车辆滚装船家族的“明星”们

刷新最大汽车运输船记录的8 500车位汽车运输船“礼诺·目标”号

“礼诺·目标”(Höegh Target)号是2015年由厦门船舶重工股份有限公司(简称厦船重工)为国外汽车运输公司建造的车辆滚装船。它长200米，宽36米，吃水9.35米，共有14层甲板，甲板总面积达到了71 400平方米，比10个足球场还大。它最多可装载8 500辆汽车，一举创造了全球最大的车辆滚装船新纪录。如果把这艘船所装载的全部车辆头尾相连一字排列，则会形成一条长达40多公里的巨型“长龙”。

礼诺航运公司向厦船重工一共订造了6艘超巴拿马型车辆滚装船，“礼诺·目标”号是交付的第一艘。这批汽车运输船采用“地平线级”设计，货舱门比礼诺航运公司之前的车辆滚装船舱门更高，可以装载6.5米高、12米宽的货物。它增加了斜坡强度，使得船艉坡道能够装载重达375吨的货物，侧坡道可装载重达22吨的货物。

> 图155 “礼诺·目标”号车辆滚装船船艏图

> 图156　“礼诺·目标”号车辆滚装船侧面图

“国车国运”的先行者——“中远盛世”号车辆滚装船

“中远盛世”号是我国自主设计制造的车辆滚装船，总长182.8米，型宽32.2米，型深14.95米，载重量约14 500吨，设计航速20节。它具有三层可调甲板，可满足不同高度车辆的运输需求，每次可承运车辆5 000辆。

“中远盛世”号的设计建造体现了“国车国运”的精神。近年来我国汽车出口主要依靠日韩和欧洲船队，为扭转这一

> 图157　“中远盛世”号车辆滚装船（一）

> 图158 “中远盛世”号车辆滚装船（二）

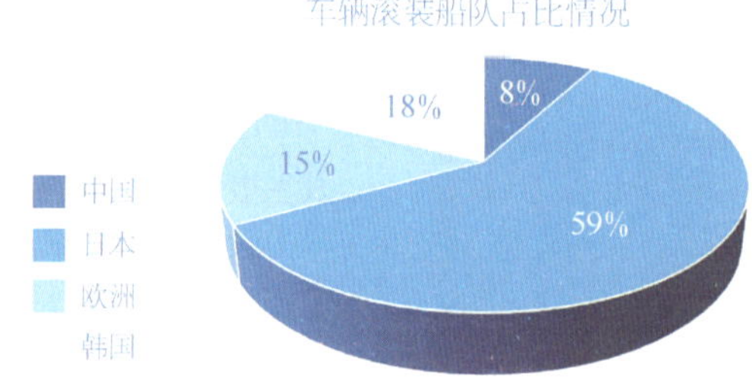

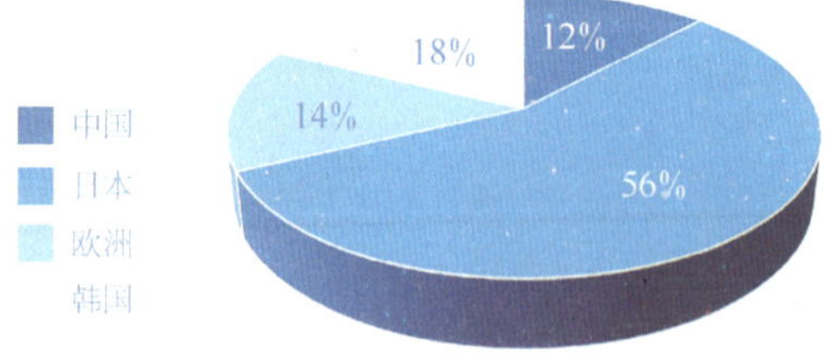

> 图159 全球车辆滚装船船队和生产国占比情况

局面，中国远洋海运集团有限公司（简称中远集团）与国内近10家汽车公司建立长期合作关系，并组建起了我国自己的汽车运输船队。作为运输船队的一员，“中远盛世”号的建成，标志着我国民族品牌汽车出口运输开始告别国外车辆运输船一统天下的历史，开创中国自主设计建造车辆运输船的新阶段。

“中远盛世”号不仅用于国内航线的汽车运输，还参与国外运输任务。比如2017年底、2018年初，它就完成了2018年达喀尔世界汽车拉力赛比赛用车的运输任务。这次任务从法国到秘鲁，并在2个月后返航.货物包括400多辆超大车辆，800多辆其他各类改装车辆，车辆规格差异极大，最长的拖挂车有25米，最短的沙滩车才2米，最重车辆有40多吨，最轻只有0.2吨。通过乘坐车辆滚装船，这批征战比赛的汽车“勇士”们按时安全抵达赛场，又安全返回故乡。

“江海联运”型车辆滚装船“世洋”号

汽车滚装运输队伍中不仅有海船也有江船。海船与江船最大的区别在于，海洋环境中风浪大，海船吃水深；江船航道狭窄，对操纵灵活性要求高。“世洋”号车辆滚装船是一艘既能在海里航行，又适合在内河航道航行的船，是国内同系列船型中仅有的江海联运滚装船，能够安全通航南京长江大桥，直达长江中游港口，是目前我国最大的“江海联运”型车辆滚装船。

它还有俩兄弟“世海”号和“世江”号。它们是国内同类型2 000车位级别中较为先进的船型，长141.2米，型宽24.4米，设计吃水6米，服务航速为16节，全船共有9层装车甲板，总装车面积约18 000平方米，标准装车数约为2 100辆，设置有双艉门、升降甲板和活动坡

> 图160 “海进江”型车辆滚装船“世江”号

道。它们具有安全性高、油耗低、适货性强、营运灵活、舒适性佳等特点。

“世洋”号滚装船的投入运营进一步增强了大连港商品车的水运运能，为积极参与滚装市场竞争提供了运力保障。同时，该轮以大连港作为母港，实现南北线运营，也为大连港商品车航线的向南拓展奠定了坚实基础。

后勤尖兵——军用车辆滚装船

滚装船特别是车辆滚装船具备很好的军事动员潜力。滚装运输由于装卸快、航速高，成为部队水路兵力投送尤其是军用重装备水路输送的重要方式。

高效的“粮草”输送——车辆滚装船的军事用途

军事后勤物资一般比较强调时效性，运输港口的装卸条件也有很大不确定性。车辆滚装船正好满足了这些要求，它可以参与运输弹药、补给品和军用车辆等物资，并直接运送上岸。若对滚装船的船舱等结构进行加强改造，它还可以运送火炮、装甲车、重型主战坦克、履带式装备等重装备上岸。

英阿马岛海战中，英国皇家海军在短时间内将一艘滚装货船“大西洋运输者”号改装成能够运载军车、直升机的军用运输舰，甚至可以垂直起降战斗机，简直成为兼职航母。

滚装船对港口的要求比较低，不需要港口的吊车等设施就能进行卸货，尤其适用于工兵临时搭建的浮箱式码头，吊运设备遭到破坏的港口等条件比较恶劣的码头。海湾战争中，美国民间滚装船为美军先头部队运输了大量物资补给，有力地保障了美军作战行动，滚装船的军事潜力可见一斑。

“长达隆”号军民两用车辆滚装船

“长达隆”号2 200车位汽

图161 由商用滚装船改装的军用滚装船

> 图162 改装后"大西洋运输者"号上停满军用战斗机

车滚装船是一艘军民两用的滚装船。它总长140.5米，型宽24.4米，有8层车载甲板。

它针对军事任务要求做了一些专门设计：

一是艉跳板及第3、5层甲板承重加强，净空达到4.5米，适合装载军事重装备。第4、6层甲板设计为活动甲板。

二是加装厨房、卫生、洗浴集装箱及人员生活保障设施，满足航渡期间官兵生活及住宿保障需求。

三是上层甲板设有直升机悬停平台，加装救生、消防设施；到了战时，它的上甲板还可以增加近防系统，甚至可以把"红旗-17"这种野战伴随防空系统直接拉到船上进行防空防御。

四是预留指挥场所和军用通信设备

> 图163 滚装船上的军用车辆

接口。

"长达隆"号车辆滚装船可以使用折叠尾跳板快速装卸主战坦克。装载时，汽车或牵引车辆拖带的挂车通过跳板依次开进舱内；到达目的港后，车辆依次离船并直接开往收货单位。它具备远航一次投送两个整建制机械化步兵营的能力。

"长达隆"号曾多次参与军方组织的实兵实装投送演练，展现出超凡的运能运力。乘坐这种2万吨级的大型船只，舒适度很高，即使海上风浪较大，也不容易晕船，非常有利于保持战斗力。

> 图164 长达隆系列滚装船"长吉隆"号

> 图165　军用卡车驶出“长达隆”号

> 图166　海上预置舰

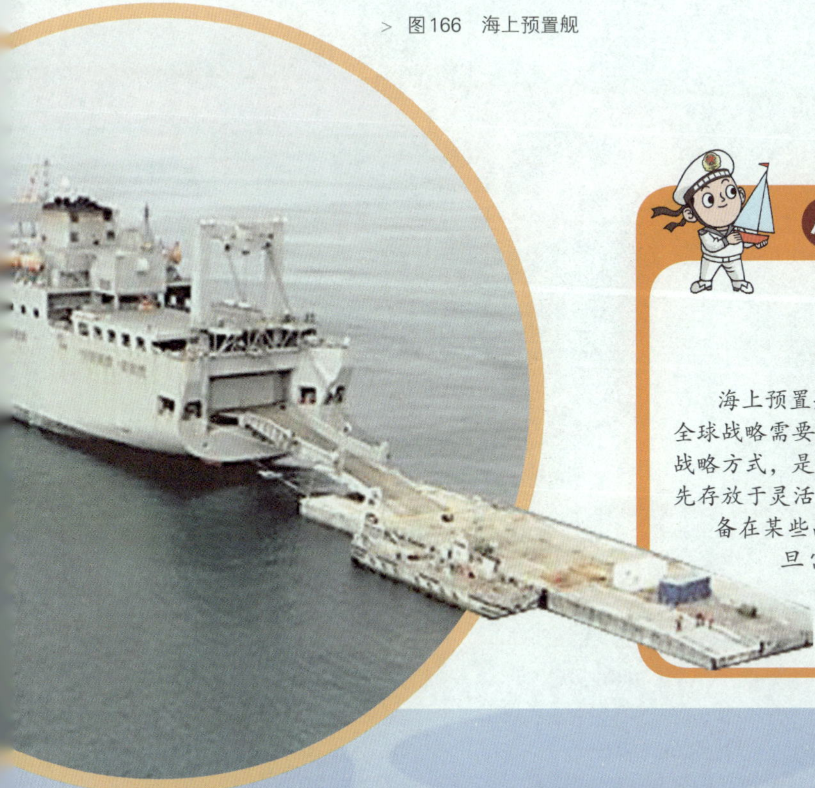

小贴士

海上预置舰

海上预置舰是美国海军为了满足其全球战略需要而建立的一种新型灵活的战略方式，是将一部分后勤储备物资预先存放于灵活性较高的运载工具上，储备在某些战争危机较大的地区，一旦需要即可立即就近前往输送。

PACIFIC UNITY
明 和

第4章 三大主力船型之一——散货船

你能想象6 666节火车车皮连接起来有多长吗，它超过100公里，几乎相当于从青岛前湾港到日照港的距离。如果只需一条船就能装下这些车皮运输的货物，这艘船该有多大呢，这就是40万吨级超大型矿砂船。它的载重量还相当于11 150辆卡车的运量，而它所载运的铁矿石货物生产出的钢铁足以建起3座国家体育场“鸟巢”。

40万吨级超大型矿砂船是我国目前建造的最大吨位的干货船，从广义上说，它属于散货船，主要用于运输从巴西到中国的铁矿石产品，航程10 000多海里。它若拿出全部“耐力”，不需二次加油就可在世界任何两港之间完成运输任务。

论身材它是个“胖子”，“筋骨”结实，“肚量”大，操纵却很灵活，又很“爱干净”，不同于一般货船采用的重油燃料，它预置了液化天然气燃料装置，可以改用液化天然气这种清洁能源。它展现了我国在散货船领域设计建造的技术水平。

庞大的生产资料“运输梯队”

散货船分类

散货船是运输散货的船，“散货”是与“杂货”相对而言，不能像杂货那样按件计数的货物，一般指干散货，不包含石油、液化天然气等液体货物。世界海上运

图167 “远河海”号40万吨矿砂船

> 图168　铁矿石散货

> 图169　煤炭散货

输的干散货中最主要是煤炭、铁矿石、粮食、铝土矿、磷矿石这五大品种。这些都是工业生产的重要材料，在世界经济运转中起到基础性作用。

在全球海运总量中，散货船运量占40%还多，因此它与集装箱船、油船一起成为整个货船家族最重要的成员，也被称为航运界的三大主力船型。散货船因其运送货物的种类、船舶形态的不同，可以分为许多类型。

散货船家族的“业务分工”——运输不同货种的散货船

按所运输的货物种类不同，可以将散货船分为运煤船、运木船、水泥运输船、谷物运输船、矿砂船等。

由于谷物、煤和铁矿石等的积载因数相差很大，对船体结构、货舱容积、布置和设备等许多方面的要求都有所不同。因此一般习惯上仅把运粮船、运煤船等货物

> 图170　散装谷物

> 图171 运煤船

> 图172 水泥运输船

> 图173 谷物运输船

积载因数相近的船舶称为散装船，装载铁矿石的船舶又被专门称为矿砂船。

运木船所装载的木材不怕风吹雨淋，所以在船舱及甲板上均可装载。为防止甲板上的木材在船舶摇晃或海浪冲刷中落出舷外，运木船在船舷两侧一般设置不低于1米的柱子作为围栏。

> 图174 铁矿石

> 图175　装满木材散货的运木船

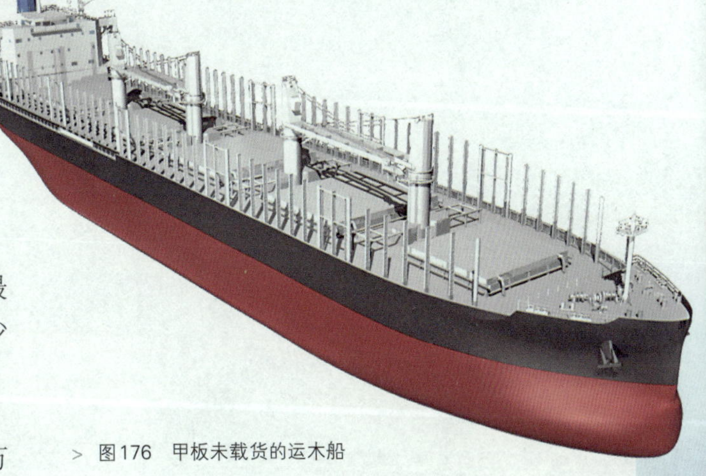

> 图176　甲板未载货的运木船

散货船家族“核心”成员——大型散货船分类

现在让我们把目光投到散货船家族最重要的成员——大型散货船上，它们至少在万吨以上，运输的货物为大宗散货。

灵便型散货船

灵便型散货船载重量为2万～5万吨，以较普遍的3.2万载重吨散货船为例，它吃水10米，具有5个货舱与液压舱口盖，4台30吨左右的起重机用于货物装卸。

这些吨位较小的散货船载重量适中，且多配有装卸货设备，营运方便灵活，它们对航道和港口具有较强的适应性。

巴拿马型散货船

巴拿马型散货船是指在满载情况下，可以通过巴拿马运河的最大的散货船。在巴拿马运河扩建前，巴拿马型散货船总长不超过274.32米，型宽不超过32.3米，载重量一般在6万～7.5万吨，极限为8万载

重吨。巴拿马型散货船主要用于粮食、煤炭和化肥运输，航线多为南美地区、美国到亚洲的航线，比如巴西—中国、中国—美国等。

2016年，巴拿马运河扩建后通航船只极限船长366米，宽49米，吃水15.2米，散货船17万载重吨，为之前的2倍

> 图177 灵便型散货船

> 图178 巴拿马运河船闸中的巴拿马型散货船

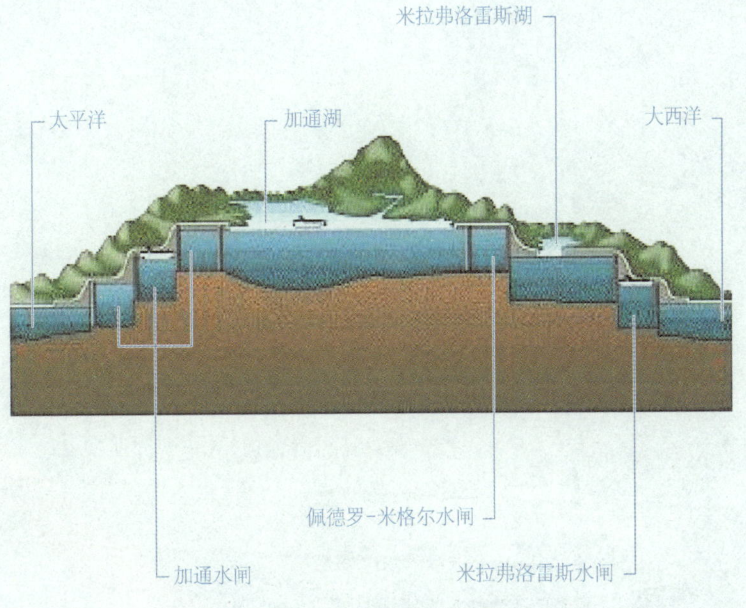

> 图179 巴拿马运河示意图

还多。巴拿马运河的扩建主要为满足集装箱船的通过能力，但历史上通过巴拿马运河数量最多的依然是散货船。巴拿马运河扩建后，原先不能通过运河的好望角型散货船理论上将可直接通航巴拿马运河。

好望角型散货船

好望角型散货船一般指载重量在12万～20万吨的散货船，它以运输铁矿石为主，一般设计为9个货舱、9个舱口，船上不设起重机。

在巴拿马运河扩建前，好望角型散货船需绕行好望角和合恩角，台湾地区称之为“海岬”型。由于巴拿马运河扩建完成，

巴拿马运河

美洲东西海岸以及亚洲到美洲东海岸的航线，经过巴拿马运河则航行距离可大大缩短，因此巴拿马运河在国际航运中具有极其重要的意义，它自1914年通航，扩建之前全长81.3千米，水深13～15米，宽150～304米。整个运河水位高出太平洋和大西洋26米，设有6座船闸，通过运河一般需要9小时。

> 图180 好望角型散货船

好望角型船中较小的一些可通过巴拿马运河。

超大型矿砂船

载重吨在20万吨以上的矿砂船被称为超大型矿砂船（VLOC）。超大型矿砂船的典型船型为“淡水河谷型”，它是巴西淡水河谷公司为降低从巴西到中国运送铁矿石这一航线成本而量身定做的大型矿砂船，原名叫Chinamax，载重吨在38万～40万吨。装卸效率高，油耗低。

一般来说，船型越大，船舶所能从事贸易运输所受的局限性越大。最为典型的有港口、泊位的容纳尺度和相关设备配套（如装卸货设备）的处理能力。此外，航道中途经的运河也是一种局限。超大型矿砂船的主要航线有巴西—中日韩、澳大利亚—中国、南非—中国等。

表1 大型散货船分类和特点

分 类	简 介	载重吨	航线特点
灵便型散货船	型宽小于等于28.4米，总长小于189米，吃水小于11米	1万～4万	航线适应性强，运输的货物主要为化肥、水泥、粮食、钢材等
大型灵便型散货船	型宽小于等于30米，总长小于189米	4万～5万	
超灵便型散货船	型宽小于等于32.35米，总长小于196.9米	5万～6万	
巴拿马型散货船	型宽小于等于32.31米，全长大于等于200米	5.5万～8.5万	北美、澳大利亚、南美至远东、欧洲
巴拿马极限型散货船	型宽32.31～39米，巴拿马运河改造后适用	5万～11.05万	
好望角型散货船	型宽41.3～43.2米，总长250～271.8米，吃水15.5～17.0米	12万～20万	运输的货物为煤炭、铁矿石。巴西、澳大利亚至远东，少量至欧洲 南非至北欧和中国 加拿大及至欧洲
超大型矿砂船	舱容比常规散货船小很多	20万吨以上，目前最大为40万吨	运输的货物为铁矿石。巴西、澳大利亚至远东，少量欧洲

> 图181 “巴西淡水河谷”号超大型矿砂船

> 图182 不同尺寸散货船序列

> 图183　大湖型散货船“Algoma Mariner”号

曾经的五大湖区“明星”——大湖型散货船

大湖型散货船又称圣劳伦斯型，是指经由圣劳伦斯水道航行于美国、加拿大交界处五大湖区的散货船，以承运煤炭、铁矿石和粮食为主。该型船尺度上要满足圣劳伦斯水道通航要求，船舶总长不超过222.50米，型宽不超过23.16米，一般在3万载重吨左右，且桥楼任何部分不得伸出船休外，大多配有自动装卸货系统。

大肚能容

散货船的构造与设计

对于安全和效率的追求，让散货船的结构设计一直在发展变化，日趋完善。

散货船设计的核心因素

影响散货船设计的核心因素是其所需达到的载重量或货舱容积。散装货物的密度从每立方米0.6吨的谷物到3吨的矿砂不等。对于运输煤炭、谷物等密度较小货物的散货船，货舱容量成为制约因素。为能够满载轻货，货舱容积较大，常常在货物装满整个货船后，吃水还没到达极限。装重货时则采用隔舱装载的办法。有些船为了提高结构强度，采取大小舱相间的布置方式。

而对于矿砂船而言，因货物密度

大，货物总重就成为船舶设计的一个制约因素。

散货船效率的衡量标准之一是空船重量与载重吨位之间的比率。对于散货船，这一数字介于大型好望角型散货船的12%到较小的灵便型散货船的20%之间。

在规定的载重量下，决定散货船尺度的第二个设计要素为船只途经码头和航道的尺度。如同汽车按照不同的路况要求分为城市公路车、越

> 图184　在隔舱装载作业的散货船

> 图185　灵便型散货船侧视简图

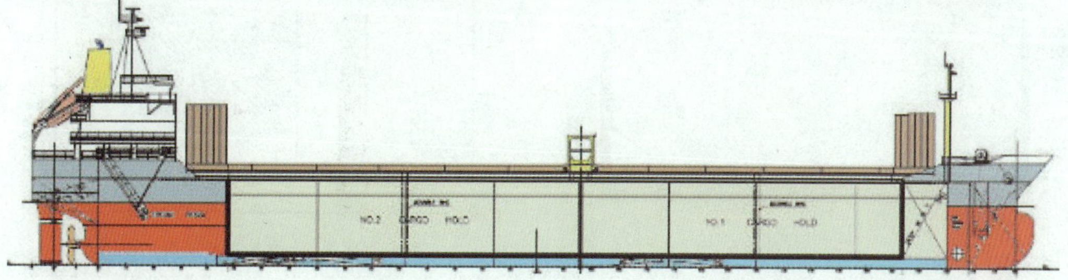

> 图186　巴拿马型散货船侧视简图

野车、场地赛车等类型，散货船按照不同的航线码头要求，设计为不同的尺度。比如需要通过巴拿马运河、好望角地区的散货船。

散货船由于所运货种单一、批量大、不需要包装，所以不像杂货船那样考虑堆货而设多层甲板，只需设置单甲板。普通散货船一般为尾机型。

存放散货的“大仓库”——散货船的货舱与舱口盖

从“方形”到“八角形”——货舱的演变

散货船在刚发展时，多根据货运要求考虑结构设计，对于安全问题准备不足。随着散货船数量规模增加，20世纪中叶散货船事故时有发生。常常是因为货舱结构不能控制货物流动，造成船舶重心变化影响稳性或产生结构损伤。为解决安全问题，渐渐形成了现在广泛应用的典型专用散货船形式，它的货物区域结构呈八角形。

这一形式来自对原本方形船舱的四角进行改良：在两舷顶部布置顶边舱，并加高舱口围板以保证满舱；在两舷舭部布置底边舱以便清舱，同时提升抗沉性；双层底和四个边舱区保证总强度。

专用散货船的出现，较好解决了散装货物在货舱内流动的问题，使海上散货船进入一个新的发展阶段。这种典型散货船结构从20世纪80年代开始，风行30年后又开始暴露它的缺点。由于过于注重船舶的轻便与集约，全球事故散货船中90%缘于船体结构破损。于是，海上散货运输业开始开发更安全的结构形式——“双壳”结构。

“仓库”的加固措施——“双壳”（双舷侧）结构

为提高散货的安全性能，设计师们推出了双壳（双舷侧）通用散货船结构。这种设计利用舷侧外板和纵舱壁形成双壳结

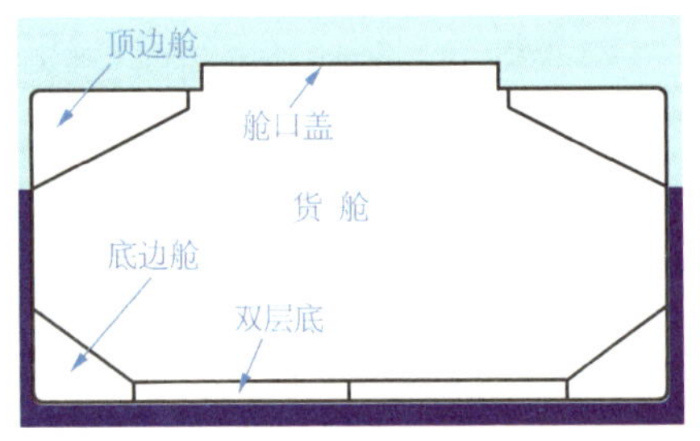

> 图187 普通散货船横剖面结构

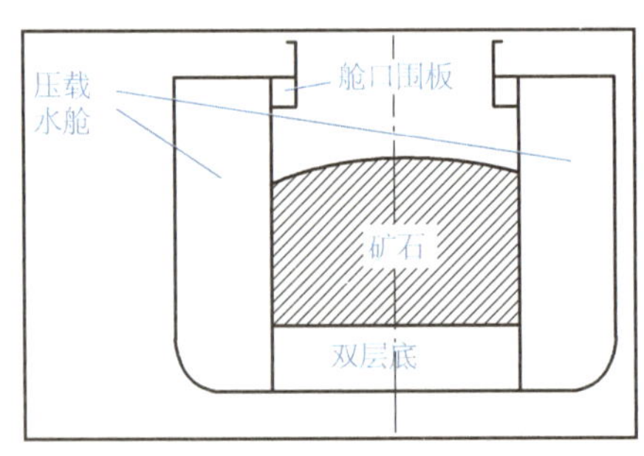

> 图188 矿砂船横剖面结构

> 图189　单壳散货船船舱

> 图190　双壳散货船船舱

构，使货舱表面平整。有了双壳结构，通过双壳间设置的舷梯、走道、照明和通风等设备，船员在航行过程中有机会到巨大的散货船货舱外围，以便于检查和避免货舱纵壁“出汗”等原因产生的腐蚀。同时双壳之间的空舱可部分或全部作为压载舱。

采用双舷侧结构可以大幅度减小舷侧板、顶边舱、底边舱部分的剪应力，从而增加散货船结构的安全性能。

散货仓库“卫士”——散货船舱口盖

为提高装卸货效率，散货船的货舱口较大。一般来说，舱口的宽度在船宽或梁的45%～60%，舱口长度一般在船长的57%～67%。某些大开口船的舱口宽度可达船宽的70%以上。

和杂货船、多用途货船一样，散货船通过舱口盖开关货舱，并保证相应的密闭性能，因此舱口盖也是散货船货舱的“卫士”。目前，散货船主要采用的货舱盖形式有滚翻式、折叠式和侧移式。大型散货船一般采用侧移式。

侧移式舱口盖：利用液压带动齿轮，使舱口盖分别向左右或前后滑动，最终平

压载水舱

干散货船返程时往往空载，船的吃水、稳性等指标都会发生很大变化；当吃水太浅时，螺旋桨不能没入水中获得推力，因此散货船必须在压载舱内装满足够的水增加重量，使船体下沉。

通常作为压载舱的有首尖舱、尾尖舱、双层底舱、舷侧水舱和深舱等，有些散货船空载时把某一货舱也作为压载舱。

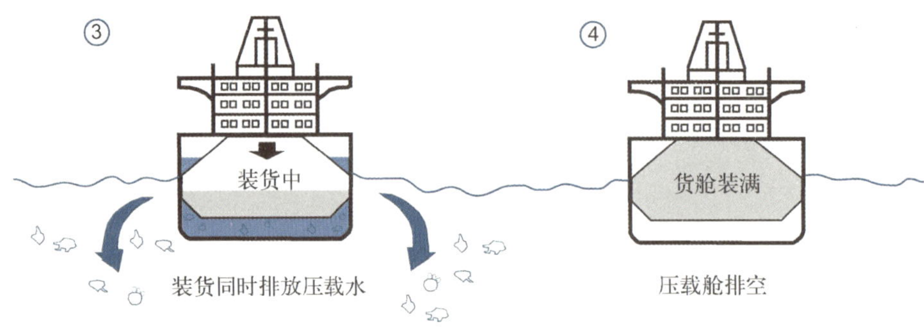

> 图191　压载水操作示意图

放在甲板上方。侧移式舱口盖从结构上讲是最简单的，但由于所需的存放空间较大，受到舱口尺度限制，主要适用于大型散货船。侧移式舱口盖分为单盖式和双盖式。前者比后者结构更简单，占用甲板面积也更大，一般用于矿砂船，后者用于其他类型散货船。

散货船的装卸时间会影响它的营

> 图192　散货船的折叠式舱口盖

> 图193 侧移式舱口盖（双侧开）

> 图194 侧移式舱口盖（单侧开）

> 图195 散货船上的直升机

运效率。而货舱盖的自动化程度会影响它开启和关闭的时间，占用装卸作业时间。舱盖的自动化还有利于减轻船员的劳动强度。

散货船上为什么需要停靠直升机

大型货船靠港时需要引航员协助，利用直升机送引航员上船快速省时。与其他船只相比，散货船甲板上适合停留直升机的位置只有舱口盖区域。

> 图196　散货船的舱口盖上设有直升机降落区

灵便型散货船专用设备——散货船起货设备

一般灵便型散货船都自带起货设备，总载量在5万吨以上的散货船则不安装起货设备。这是因为船上自带的起货设备需要增加货船的造价和货船的自重，而船上起货设备与岸上装卸设备比，效率又不够高，所以较大的散货船不适合安装起货设备。

散货船上的起货设备与杂货船、多用途货船类似，只是前端设备有所不同。常见的前端设备为抓斗，根据货物类型不同，抓斗也有很多种类。

> 图197　散货船上的回转式起重机

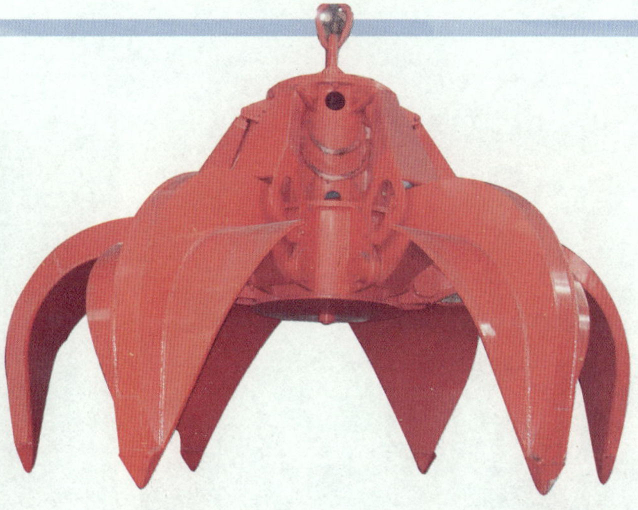

> 图198 抓斗的各种样式

如履薄冰——散货船的装卸货

散货船的装卸效率取决于货物类型、船上与码头的相关设备。在最落后的码头，货物利用铲子或袋子通过舱口盖装卸。常见的则是通过岸吊或船吊，以及传送带进行装卸货操作。

过去，由于装卸货的水平较低，散货船与其他运有包装货物的货船相比，在港口停留装卸的时间较久。现在，随着散货船特别是矿砂船的尺寸越来越庞大，对货物装卸时间的要求也越来越高，这也对码头机械设备提出更高的要求。而摆在散货装卸首位的，永远是货物装卸时的安全问题。

> 图199 岸上起重机抓斗装卸货

> 图200 岸上龙门吊抓斗卸货

> 图201 传送带装运煤炭

煤炭装卸可以代表一般散货船的装卸，它通过传送带装船。卸货一般通过岸吊抓斗卸货，也可以使用船吊。

用双铰链式吊机进行装卸的码头，每小时装货1 000吨。采用龙门吊的码头，装货速度可达每小时2 000吨。经过简单的计算不难得出，按照这种装货速度，一条普通的巴拿马型散货船的货物就需要好几天才能装完。采用起重机卸货的速度比装货更慢，往往需要装货时间的2倍。采用皮带传送装置进行装货的码头装卸货速度则高很多。

由于粮食与其他散货相比要干净、娇贵，它的装卸以及运输都有些讲究。大多数的粮食装卸都是通过皮带传输喷头，并由抓斗卸货。

目前，在欧洲、日本以及我国较多先进港口已经开始采用效率更高的卸货机，直接“吸”出货物然后通过传送带装到货车上或仓库内。卸船机与装船机类似，只是将装货喷头换成螺旋进料器，并加装垂直输送机。卸货机效率极高，一般可达到

> 图202 粮食装货

每小时2 000～3 000吨，少数最先进的卸船机则达到惊人的每小时3万吨！除了效率高，卸船机装卸粉末状货物时能做到几乎没有粉尘污染，很好地满足了散货船环保要求。

在装货的整个过程中，要维持船舶平衡。大型散货船装卸货顺序一般是：先在船舶中部的几个货舱开始装卸，以减缓船舶的变形，然后再依照船艏、船舯和船艉的货舱交替装卸，以使船舶在整个装卸过程中上浮或下沉程度基本保持平衡。小型散货船从船艏向船艉依次装舱，卸货时则从船艉向船头进行。

根据市场需求、货物的季节变化等因素，一条散货船运输的货物可能在不同品种之间转换。

> 图203　卸船机卸货

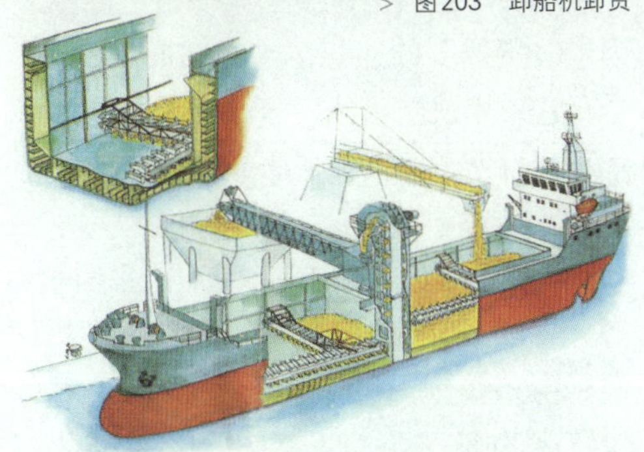

> 图204　自卸式散货船装卸过程

小贴士

自卸式散货船

自卸式散货船是一种具有特殊货舱结构的货船，它自身装有一套自动卸货系统。自卸式散货船不必依赖港口设施就可进行快速自动卸货作业，适合于运输水泥、化肥、化工原料等粉状散装货物。

自卸式散货船的货物运送系统由喂料、输送、提升和投料四部分组成。当货物被提升到甲板上方之后，通过卸料臂卸至码头或堆场。卸货时由卸货料斗向舱底输送带喂料。一般每个货舱设置几个卸货料斗。每个料斗下均设置斗门。舱底输送带纵向贯通全船。为保证船舶安全，需在舱壁上装设水密闸门，将整条通道分成数个水密区间。

自卸设备是自卸船的关键设备，而且对船舶主尺度、总布置、船体结构等有直接影响。自卸式散货船的装卸设备有气力式、机械式、气力混合式。

散货船的航运故事

散货船的"身世"

1852年世界上诞生了第一条可以称之为"散货船"的运煤船"SS John Bowes"号，它采用铁质船体、蒸汽机动力，用海水压载水系统取代沙包压载，并以这些特点在运煤市场中取胜。

二战结束后，欧美等工业化国家的经济大规模恢复和发展，对原料的需求剧增；中东等地石油大量开发，国际贸易也随之兴旺，这一切促使船舶运输繁荣兴旺。与此同时，散货船逐渐向大型化、专业化方向发展。

> 图205 "SS John Bowes"号运煤船

年份	平均载重吨
1954年	1.9万
1973年	4万
1980年	4.2万
1990年	4.8万
2003年	5.2万
2018年	7.2万

> 图206 散货船平均载重吨增长

目前散货船单船平均吨位已达到7.2万载重吨。散货船队平均单船吨位的增长，主要体现在12万～20万载重吨好望角型，以及20万载重吨以上的超大型矿砂船的增加；传统巴拿马型散货船持平，而4万载重吨以下船舶数量明显减少。目前，散货船船队的总吨位占整个世界海运船队总吨位的36.3%，其艘数占世界海运船队船舶总艘数的15%，仅次于集装箱船。装

> 图207 “宝安”号散货船

运煤炭、矿砂、谷物等的干散货船都出现大型化趋势，其中单船最大吨位已达40万吨。

全球散货船中超过80%是在亚洲建造的。希腊、日本与中国的船东拥有全球超过一半的散货船。

生产资料基石——世界主要散货海运概况

工业“筋骨”——铁矿石散货

钢铁是工业生产的支柱，而铁矿石是钢铁生产企业的基本原材料，如同工业生产的“筋骨”，支撑起工业乃至整体经济运转。铁矿石运输载重吨在全球干散货海运中，占据了超过1/4的比重，堪称是干散货海运之王。大宗的铁矿石主要是通过好望角型以及超大型矿砂船运送。

20世纪后期，国际上对矿砂的需求一直是稳定的，所以矿砂船数量也有限，基本为20世纪80年代日韩船厂建造的矿砂船，他们也掌握着超大型矿砂船建造的主要技术。同期我国没有建造过大型矿砂船。这一时期世界上最大的矿砂船是1986年韩国建造的36万吨的“百国山·斯塔尔”号矿砂船，用于在巴西和法国之间运输铁矿石。

> 图208 “百国山·斯塔尔”号矿砂船

21世纪以来，随着我国经济迅速发展，对钢铁需求催生了巨大的铁矿石进口需求。2003年，中国一跃成为巴西铁矿石进口的第一大国。在当时的矿石航运贸易中，大量的矿石运输业务被日本和韩国等国的企业把控，导致运输成本偏高，单位重量的运费甚至会超过铁矿石本身的价格。

世界铁矿石出口的第一大国是澳大利亚，第二为巴西，占比分别为57%和26%。从巴西运往远东地区的航程较远，相当于澳大利亚运往远东航程的三倍。由于铁矿石单次运输量非常大，从运输效率衡量，虽然几艘较小的矿砂船运力也可以与一条超大型矿砂船相当，但在油耗等方面不够经济。因此，巴西的矿产巨头对超大型矿砂船的需求非常迫切，这极大地刺激了超大型矿砂船的发展。此外，亚洲其他国家，如韩国、日本，近年来对矿砂的进口需求也日益增加，因此整个亚洲市场对矿砂船的需求十分庞大。

“黑金”——煤炭散货

煤炭在世界干散货海运中位居第二，其运输总量比铁矿石略少，也达到全球干散货海运总吨位的1/4。虽然中国也盛产煤炭，但是由于巨大的内需，中国仍然是世界三大煤炭进口国之一。

大概来讲，大多数从澳大利亚出口的煤炭被运往了中国、韩国以及日本，主要使用船型为巴拿马型以及好望角型。南非的煤炭由于运送距离都较远，所以一般通过巴拿马型散货船运往印

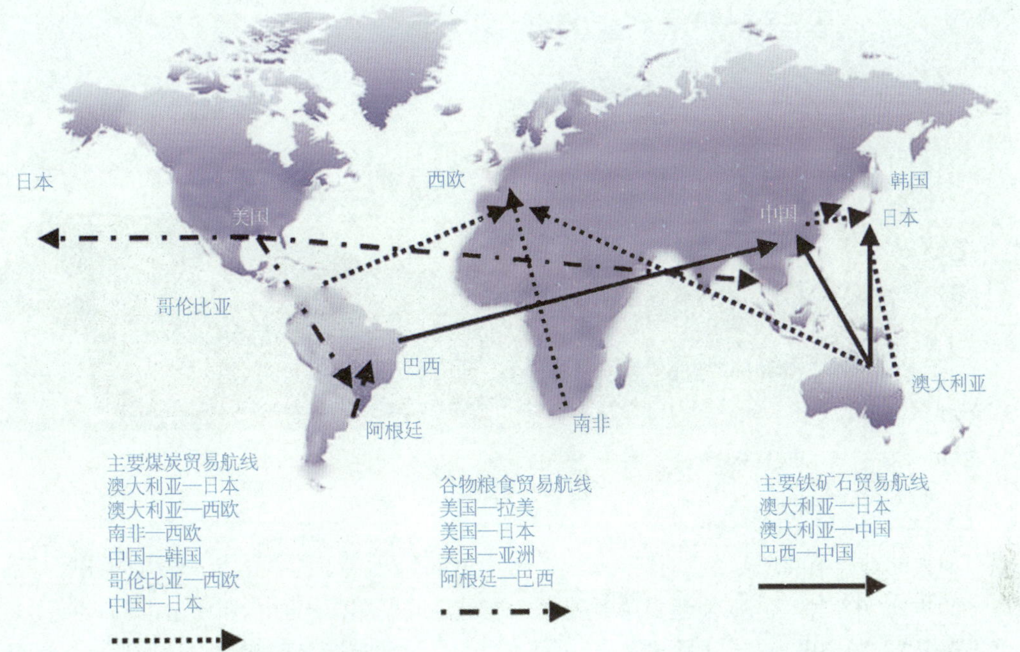

> 图209　全球铁矿石、煤炭、谷物主要航线

度，以及通过巴拿马型和好望角型运往中国。

地球人的食物——粮食散运

谷物居干散货海运中的第三位，在全球干散货运总重中占比约为10%。中国、日本、韩国从澳大利亚、美国、加拿大、巴西、阿根廷等国的进口是全球粮食运输的主流。由于距离较远，一般都用较大的巴拿马型散货船来装载。更大批量的粮食散货也有用好望角型散货船来装载的。

我国是世界主要的粮食进口国之一，年进口量在2 300万吨左右，平均下来每天至少要有一艘巴拿马型散货船靠泊于中国港口。

中国的散货船发展之路

我国本身是一个散货船使用大国，目前散货运输占水运总量近50%。散货船曾经是我国船舶制造业进入国际市场的先锋，在改革开放之初，正是依靠散货船领域的发展，船舶工业开始一步步打入国际市场。时至今日，我国在世界造船市场上占有重要的席位，已远远超出散货船的范畴。

找准方向——新中国散货船发展起步

散货船相对别的船种，技术门槛不高，技术发展成熟，是后发造船国家进入造船市场非常合适的选择。同时散货船船型种类繁多，便于各类企业差异化竞争，

> 图210 “长乐”号1.6万吨级散货船

具有很大的发展空间。

20世纪70年代，我国建造出第一艘远洋散装货轮“郑州”号，随后建造出一系列“州”字号和“长”字号远洋散货船。20世纪80—90年代，灵便型散货船是许多中国船厂承造的主要船型。1981年9月，大连造船厂建造出“长城”号散货船，载重量2.7万吨，是我国第一艘按照国际标准建造的船舶，开创了中国船舶出口新纪元。

为散货船品牌冠名“中国”——散货船制造大国的崛起

经过数十年的积极发展、潜心攻关，我国的散货船设计建造水平逐渐跟上了世界造船的发展节奏。许多新老船厂在散货

> 图211 国产万吨远洋散装运煤船“徐州”号

船的发展中作出重要贡献。

沪东中华造船（集团）有限公司自1970年以来批量建造了25 000吨、36 000吨、42 000吨、74 500吨、76 000吨和87 000吨散货船。其中74 500吨散货船被国际上称为“中国沪东型”散货船。

江南造船厂于20世纪80年代开始建造第一代“中国江南型”巴拿马型散货船，并进入国际船舶交易市场挂牌交易。这一系列后来又不断完善发展出共7代船型。

我国自主研发的18万吨优选型散货船，被誉为“中国型”散货船，也是世界领先采用“双舷侧”设计的散货船。“中国型”散货船从船型策划、开发、设计、建造到入级检验均是中国人自己完成，通过自主技术创新打造出优秀的中国自有船舶品牌。

散货船“铁三角”——我国三大造船基地形成

“十一五”期间（2006—2010年），我国重点建设了环渤海地区、长三角地区和珠三角地区三大造船基地，我国造船业在大型造船基础设施方面与日韩等先进造船国家间差距基本消除。这三大造船基地的建成，也可看作中国迈向散货船制造大国的分水岭。在这一时期里，我国散货船订单第一次超过日本，占据世界首位，并最终达到日本的2倍。散货船设计建造水平展现了我国造船业整体水平的提高。

> 图212 18万吨优选型散货船“河北领先”号

由上海船舶设计院设计，外高桥造船厂建造的第一代绿色环保型17.5万吨好望角型散货船，成为新建成投产的外高桥造船厂首次精彩亮相。随后的十几年时间，这一系列发展了6代。这些“好望角”型散货船系列产品，在国际市场占有率一度达到40%，外高桥船厂也被誉为世界好望角型散货船建造中心。

2011年，我国建造的第一代40万吨矿砂船成为当时世界上最大的矿砂船，而对50万吨级矿砂船的研究开发使中国在超大型船舶技术方面走在世界前列。

随着我国“一带一路”倡议的提出，世界相关地区对于各种原材料的需求也将会出现爆发式增长。据估计，仅钢铁的需求就将增加约1.5亿吨，相关基础设施建设将花费超过1.3万亿美元，这将带来庞大的市场机会。为积极应对市场需求，数十条40万吨级超大型矿砂船正按计划一艘艘建造完成，为我国的散货船设计建造又写下浓墨重彩的一笔。

> 图213　环渤海地区造船基地

> 图214　长三角地区造船基地

> 图215 外高桥造船厂建造的17.5万吨“上海宝藏”号

> 图217 17.5万吨级绿色好望角型散货船“德梅”号

> 图216 “百国山·内布利纳”号超大型矿砂船

“一 带 一 路”

“一带一路”是2013年9月和10月由我国提出的“丝绸之路经济带”和“21世纪海上丝绸之路”的简称。它旨在借用古代丝绸之路的历史符号，积极发展与沿线国家的区域经济合作伙伴关系，共同打造政治互信、经济融合、文化包容的共同体。

2015年，我国企业共对“一带一路”相关的49个国家进行了直接投资，承接“一带一路”相关国家服务外包合同金额178.3亿美元。

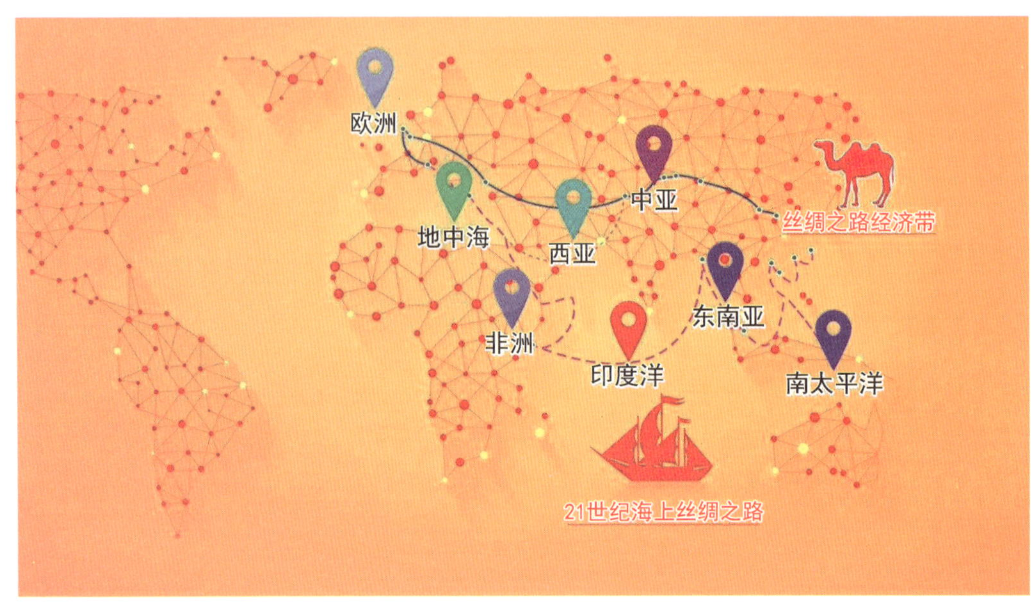

> 图218 “一带一路”区域版图

中国散货船家族的“明星”们

放眼世界——中国首条符合国际标准的出口船“长城”号

建造于20世纪80年代初的“长城”号，是中国改革开放后按照国际标准建造的第一艘大型出口船舶，率先叩响了中国造船走向国际市场的大门。

船王出手相助

20世纪70年代末、80年代初，我国的船舶工业一直以军工生产为主，长期局限于国内。当时军工订单锐减，相当规模的船厂面临“无米下锅”的窘境。邓小平明确提出了“中国船舶工业打入国际市场”的战略决策。当时有关领导经反复研究后认为，首先打入香港市场比较容易得手，并经人介绍找到“船王”包玉刚、包玉星兄弟。包氏兄弟均为英籍华人，原籍浙江宁波。包玉星明确同意在国内建造两

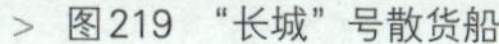

> 图219 “长城”号散货船

艘27 000吨散货船，同时表示设计建造应按国际规范和标准，入英国劳氏船级。

造船之前需要签订合同并进行相应谈判。合同谈判首先从技术开始，仅《技术说明书》就有足足三大厚本。除了主机、辅机、舱室、厨房、发电机、污水处理系统、通信设备、吊车等详细说明外，还包括管系、缆绳、锚链、扶梯、船员床铺等，就连床铺的壁灯、鞋柜等，都有技术说明。在技术说明书里还提出了该船的各项性能标准，以及需要遵照的各项国际标准。

这场谈判极为艰苦，因为这样的谈判对中方的外贸人员和技术人员来说，是史无前例的，让人应接不暇。这时，又是船王主动提出委派他的技术顾问负责指导

> 图220 “长城”号布置图资料

技术谈判，介绍相关资料，才顺利推动谈判。1980年5月15日，"长城"号合同签订完成，船价1 218万美元。

接轨国际规范

一条民船的设计，在当时一般有三部曲：三个月的初步设计，半年的技术设计，三个月的施工设计。对于当时的技术水平，这样的要求在时间上非常紧迫，设计、材料和配套每个环节都困难重重。当时我国采用的大多是苏联和中国国标，对其他国际规范和规则不熟悉。"长城"号的建造必须一切从零开始，从观念到设计、规范、管理、技术、设备、操作、施工等方面，一切工作环节都要与国际转轨。

当时的国家领导人指示"出口船第一炮要打响"，并指示六机部生产局作为这条船的总协调。设计原本在科技局，最后全放在生产局管理，并由相关院所负责技术设计。

"长城"号的设计，我方原希望采用中国的国标，而包玉星的船是航行到世界

> 图221 "长城"号散货船下水

各个港口的，只有采用国际标准，零件坏了才能在当地采购到合适的零件。所以，要建出口船就要无条件地采用国际标准，接受国际船级社对中国船舶建造水平的检验。“长城号”是我国首次按照国外船级社规范和相关质量标准建造的船舶，符合23个国际规范、规则和条约的要求。

问世一举成功

“长城”号总长197.15米，型宽23.00米，型深14.30米，设计吃水10.00米，舱容34 259 m^3，载重量27 227吨，服务航速15节，续航力17 000海里。它采用肥大船型，加装球鼻艏，能装运粮食、矿砂、卷钢、木材，并可减载后驶入北美洲大湖区，满足18种国际有关起卸港的规定，强度符合隔舱装载要求。

“长城”号首航从日本到美国洛杉矶，历时1个月，途经太平洋，航程近10 000海里，途中经受了4次狂风巨浪的恶劣海况考验，全船万米焊缝无裂损，油漆无一处脱落，首航成功，完全达到了合同要求。“长城”号的接船船员也认为它的振动和噪声与日本建造的同类船舶相比更为优良。船东包玉星高兴地说：“没想到质量这样好，完全达到了世界一流水平！”

“长城”号的建成使我国造船能力从万吨级进入到三万吨级，同时引进了国外的先进设备、资料，积累了设计建造经验。“长城”号的设计建造为我国造船工业在世界上赢得了声誉。后来，一批外国船东陆续与我国签订了10多艘同型船舶订单，贸易额达1.6亿多美元，开创了中国船舶出口先河。“长城”号后来也被评为“中国十大名船”之一。

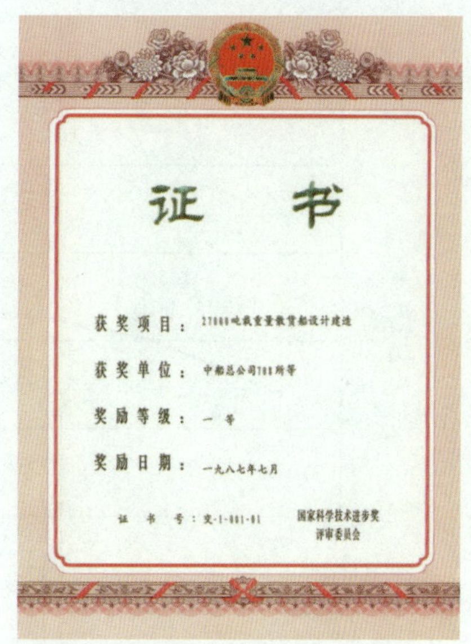

证　书

获奖项目：27000吨载重量散货船设计建造

获奖单位：中船总公司708所等

奖励等级：一等

奖励日期：一九八七年七月

证书号：交-1-001-01　　国家科学技术进步奖评审委员会

> 图222　“长城”号散货船获奖

中国造船的第一个国际品牌——“中国江南巴拿马型”散货船

初代面世，扬名国际市场

1987年10月，江南造船厂建造的第一条巴拿马型散货船“祥瑞”号，正式交船使用。这也是中国建造的第一条64 000吨散货船，它的性能究竟如何？与国际先进造船水平相比有没有差距？这些问题必须经过实际航行的检验。

在一次太平洋航程中，“祥瑞”号与日本同期建造的“日武”号散货船偶

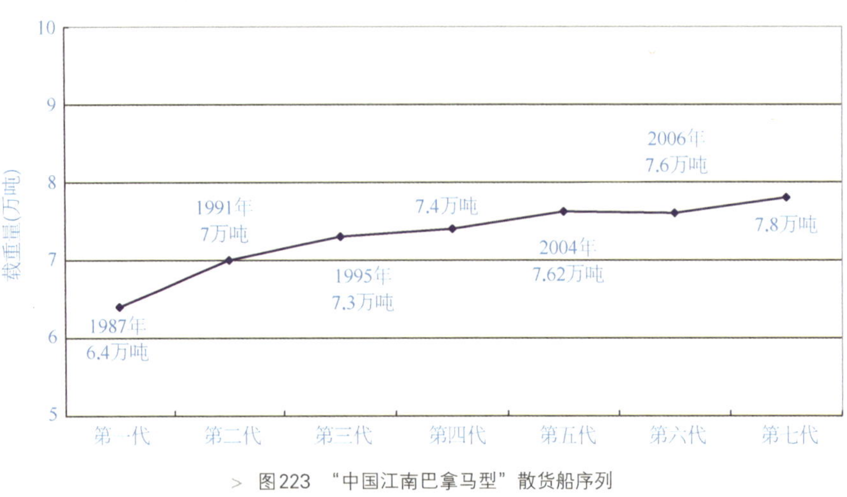

> 图223 “中国江南巴拿马型”散货船序列

> 图224 第一艘中国江南—巴拿马型散货船——“祥瑞”号

遇。两艘船开足马力，齐头并进。渐渐地，“祥瑞”号以较高的船速将日本货船越抛越远，最后居然不见了踪影。这次惊心动魄的海上“赛跑”，不仅是两艘不同国籍的散货船在比航速、比马力，更是两个散货船造船大国在比品牌、比国力！这一比赛结果展现出了中国造船积极奋进的面貌。

后来，这型64 000吨散货船以其性能优异、品质坚固，被伦敦国际租船市场专门列入标价系列，并被命名为“中国江南巴拿马型”。自此，我国造船工业真正进入了国际船舶市场，有了自己的造船国际品牌。

感动船东，以“中国精神”之名

第一代“中国江南型”散货船吸引国外船东纷至沓来。1996年，美国泛太平洋轮船公司为“江南人”坚持“质量第一”的精神所折服，将江南造船厂建造的已命名的两艘65 000吨远洋散货船的姊妹船，改名“中国光荣”号和“中国自豪”号。并将续订的3艘7万吨新型“中国江南型”

散货船分别命名为“中国精神”号、“中国希望”号、“中国欢乐”号。这是对江南造船厂高超技术的信任，也是对中国工人和科技人员取得成就的敬意。

一型百艘，写就中国造船传奇

“中国江南型”散货船发展到第六代船型，

> 图226 江南造船厂建造的“中国江南型”散货船“云龙峰”号

> 图225 “光荣中国”号散货船

综合了结构坚固、性能优异、绿色环保等优点。它总长255米，型宽32.26米，型深19.6米，设计吃水12.2米，入级中国船级社。2012年江南造船集团迎来第100艘"中国江南型"散货船"玉霄峰"号，它是第六代"中国江南型"散货船。自首艘"中国江南型"散货船于1985年开工建造以来，六代江南巴拿马型历经27年的更新换代，书写了江南造船单型船成功交付百艘的传奇。

不断进取，"江南代有新船出"

发展了六代的"中国江南型"并没有让中国造船人停下探索创造的步伐。巴拿马运河拓宽后，对能够通过船闸的散货船有了新的要求，江南造船又推出了新一代散货船船型，它们被统一命名为"绿鲸"系列（Ville Series）。其中，11.5万吨散货船被命名为"Blainville"、18万吨散货船被命名为"Melville"、第七代巴拿马型散货船被命名为"Phoeniville"，它们采用隐形球艏（VS-Bow），都具有共同的特征：低碳、环保。中国江南—巴拿马型散货船的发展历程也充分展现了我国造船工业一步一个脚印，踏实创新的发展风格。

巨无霸来了——40万吨级超大型矿砂船

初显身手的第一代40万吨淡水河谷型（Valemax）矿砂船

2011年底我国首条40万吨矿砂船建造完成，交付巴西淡水河谷公司。这型船是第一代40万吨矿砂船，最初名为Chinamax型，后又改为淡水河谷型，是

> 图227 第七代"中国江南巴拿马型"散货船"INFINITY 9"号

> 图228　第一代40万吨超大型矿砂船“VALE SOHAR”号

2008年由上海船舶研究设计院设计的。

这型矿砂船总长360.6米，型宽65米，型深30.5米，设计吃水22米。设计吃水下的航速14.8节，续航力25 000海里，不用加油就足以在中国和巴西之间跑一个来回。

不同于一般干货船，40万吨矿砂船从第一代就开始采用直鼻艏（垂直形的船艏）。直鼻艏的散货船船速较球鼻艏更为缓慢，但通过这种线型，大大增加了载重量，它的效率抵消了速度缺陷。

（1）比一个篮球场还大的舱口盖。第一代淡水河谷型矿砂船每个货舱采用一个侧滑式舱口盖设计，单个舱口盖长33米，宽22.5米，面积达600多平方米，相当于1个半篮球场大小，重达180吨，是当时世界上最大的舱口盖。舱口盖采用自动液压装置开关。这种舱口盖设计方便了船东运营，同时对舱口结构设计提出很高要求。

（2）“吃饭比赛冠军”——快速装载与单舱装载。大型矿砂船的装载方式一般都是用传送带加喷头的方式。铁矿石积载因数较小，还没装满就达到载重量限制了，所以满载不满舱。

第一代40万吨矿砂船就实现了单舱装载。这是指货舱装载过程中，某一个舱完

> 图229　直鼻艏

> 图230 超大型矿砂船舱口盖

成了100%装载之后，再对其他货舱进行装载，直到全部货舱装满，这与常规的装载方式是有很大区别的。通常矿砂船的货舱不是一次装满，而是先轮流部分装载，最后再装满，这样就增加了装卸机的移动时间，降低了装卸效率。

采用单舱装载方式，对于设计提出了很高的要求，既要保证整个船舶的浮态符合吃水和干舷的有关规定，又要保证在各种装载状态下的船体具有足够的结构强度，还需要保证压载水的排空速度能够配合装载的速度。为避免甲板或者船壳的开裂或损坏，单舱装载对各货舱的装载次序有明确要求，在矿砂船的设计阶段就需要对货物的装载顺序进行大量的分析计算，以确定最优方案。

新一代巨型矿砂船在营运便利性上充

> 图231 巨型矿砂船装卸货

分考虑淡水河谷码头设备条件。通过单舱装载的设计，装货速度达到上一代40万吨矿砂船的1.5倍，仅用12.5个小时就能装货40万吨，大大缩短船舶停港时间。由于某些码头承载能力不够，大型矿砂船必须先减载再靠港。

> 图232 矿砂转运减载

高效节能的第二代40万吨矿砂船

本章开篇介绍的“远河海”号矿砂船属于我国建造的第二代超大型矿砂船。在完成第一代40万吨矿砂船的设计之后，通过5年的不断优化，2013年推出第二代40万吨矿砂船设计，在节能减排、绿色环保、结构安全、营运便利等方面有了巨大的提升。2017年年底，第二代40万吨矿砂船“远河海”号首航，随后又有多条该系列船将建造完成。

（1）“胃口变小”的“胖子”。这一代巨型矿砂船拥有7个超大货舱，满载排水量达到45.4万吨，载重量40万吨，一船货物能够装满6 666节火车车皮。它长362米，型宽30.4米，吃水23米，航速14.5节（约27千米/小时）。其体型堪比航母，高度相当于10层楼高，甲板面积相当于3个标准足球场。

如果把一艘40万吨矿砂船竖起来，比

> 图233　40万吨矿砂船“远河海”号

埃菲尔铁塔还要高大，而它装运的铁矿石，可以修造出30座埃菲尔铁塔！

新一代40万吨矿砂船的尺寸和载重吨与第一代相比变化不大，最突出的改善是它的总体油耗降低了18.8%，单位铁矿石运输成本降低30%。与20万吨散货船相比，可以降低70%的运输成本。可以说，这个“胖子”的“肚量”和“力气”没变，“胃口”却减小了不少。

它的螺旋桨效率提升了约4.4%，这种新设计的螺旋桨还专门配置了消涡鳍和桨

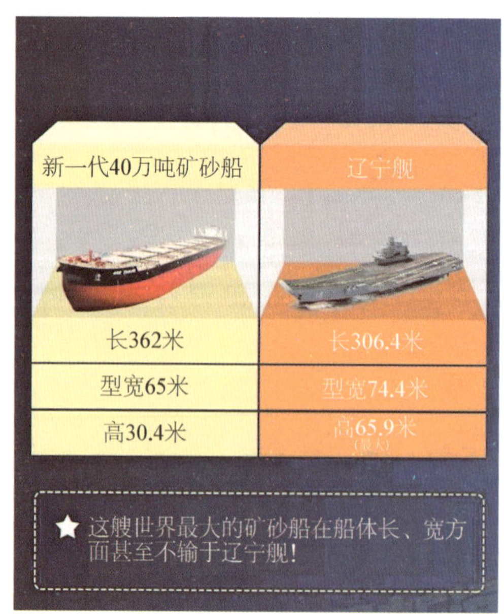

> 图234　40万吨矿砂船与辽宁舰比“个头”

前导轮，具有更好的推进能力和强度，使得快速性和大航程的要求得到了满足。这样体型臃肿的矿砂船成了一个灵活的“胖子”，能背负40万吨的矿石，跑完这段超长的“马拉松”。

根据淡水河谷需要，新一代超大型矿砂船设计了预置液化天然气（LNG）动力装置，就是说它为使用LNG燃料作好了准备，根据需要可以方便地加入燃料舱，并能够满足全航程的燃料需求。采用LNG为燃料的矿砂船在排放的废气中完全不含硫氧化物。LNG燃料罐安排在机舱和最后一个货舱之间，燃料容量可满足25 500海里续航力。

> 图236　“天津”号40万吨矿砂船艉部的螺旋桨

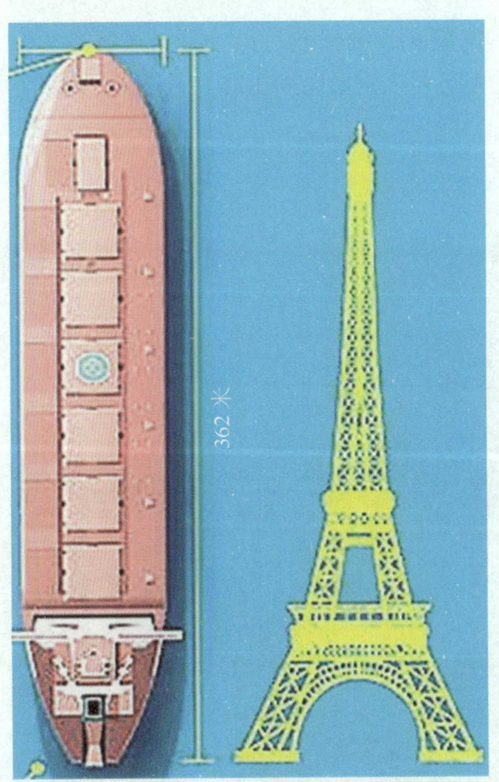

> 图235　40万吨矿砂船与埃菲尔铁塔比“身材”

这也是预置LNG动力装置方案首次在超大型矿砂船上应用。与传统燃料——重油相比，LNG燃料的氮氧化物排放减少30%以上，能满足EEDI Phase Ⅲ的要求，真正做到了绿色环保。

（2）层层加固的货舱。从巴西到中国路途遥远，途经大西洋、印度洋及太平洋三大洋，海况复杂。设计人员对Valemax

小贴士

应　力

应力是指物体受外力作用或温湿度环境影响，内部产生的相互作用力。应力是反映船体结构稳定性的一个重要指标。

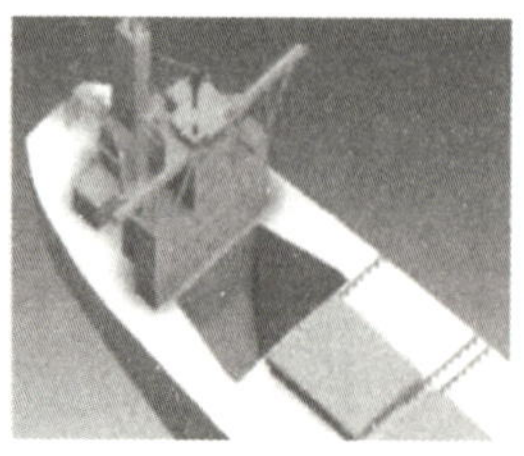

> 图237 独立式LNG燃料罐改装步骤

在波浪中的受力情况进行模型试验和计算分析，保证船舶拥有能够在巴西与中国之间营运的30年使用寿命。

为了保证矿砂船的卸货效率，船东要求货舱舱口大，而且底部不留死角，因此货舱采用了近77度的倾斜角，并采用典型的矿砂船双层底结构，且内底板设计较高，以保证良好的结构刚度和强度。同时，为了保证在数万吨矿石的压力之下，船体结构不会发生变形或者损坏，货舱周围还增加了支撑结构。货舱中心部分装货，其他部分被支撑结构分为一个个较小的舱。

为提高安全性能，设计人员还专门为这一代Valemax矿砂船设计了应力监测系统，随时可以监测船体在航行过程中应力的变化，确保航行的安全。通过应力监测，可以满足船舶在25年一遇风浪中的动力响应。

> 图238 建造过程中的矿砂船货舱

> 图239　40万吨矿砂船的船体是由高强度钢板焊接而成

无数细节组成的庞大工程

40万吨矿砂船的船体是由49毫米厚的高强度钢板组成，对于这种超厚钢板的焊接，也是造船过程中需要解决的关键技术之一。高强度钢板存在当温度达不到设计要求范围时容易产生裂纹的问题。因此科技人员研制了一套超声波预热系统，边预热边焊接，保证温度在规定的范围内，减少焊接裂纹的产生。

在矿砂船建造过程中，共有7 000名工人操作超过3 600台机械设备，将4.6万吨钢材加工成近30万个零部件。这些零部件先结合成350个分段，再进一步组成120个总段，最终在船坞里组装成为庞大的船体。整个建造过程包含1 000余道工序，光焊接缝连起来就长达570千米，相当于青岛到天津的距离。

> 图240　“香港”号40万吨矿砂船

“鲜活”运输

——活牲畜运输船与冷藏船

在干货船的运输领域，有一批船数量不大，在运输过程中对保持货物品质新鲜或鲜活有特别的要求，这其中包括追求货物存活率的活牲畜运输船（简称牲畜船）和追求货物新鲜度的冷藏船，这两位货船家族的特别成员就是"鲜活"运输的命名由来。

海上移动牧场

活牲畜运输船

2018年1月，牲畜船"BISON EXPRESS"号从澳大利亚昆士兰抵达宁波舟山港，联合检查小组检查了船舶基本情况、船员及澳大利亚活牛的健康情况，核查了船舶关键部位的卫生状况。几个小时后，来自澳大利亚的1 606头活牛沿着通道走下船，完成了一次牲畜运输。通过冷藏船运输牛羊肉可能不难想象，但通过海上运输成千上万的牲畜还是件新鲜事吧。它的目的就是为了"新鲜"，让牛羊等牲畜以活体方式来到消费地区，更好地保证质量。

"BISON EXPRESS"号是一艘专门装运牲畜的船，常用于活体牛羊等活牲畜运输。

图241　羊群走下牲畜运输船

如何将成千上万头牛羊安置在一艘船上

牲畜运输船的特殊之处在于它运送的是成千上万的活物，需要在较长时间的海上旅途中保证牲畜的健康和稳定，这也决定了牲畜船

> 图242 "BISON EXPRESS"号牲畜运输船

> 图243 活牲畜船外观

设备系统、建造工艺的复杂和高技术含量。牲畜船可能运输的牲畜包括牛、羊、马、骆驼等。

海上巨型"立体牧场"

为了安置数量巨大的牲畜，牲畜船的上层建筑高大，并分为多层甲板；为了防止牲畜在船舱内走动，在牲畜船船舱内设有隔板。就像把一个陆地上的牧场搬到船上，只是为了充分利

> 图244 牲畜船上运羊的货舱

> 图245 牲畜船上的牛栏

用船舱空间，这个“牧场”需要像汽车滚装船一样设计为多层立体形式。

牲畜船货舱内的通风能力强劲，每小时至少需要换气45次，以提供充足的新鲜空气；它设有大容量淡水舱和饲料舱，并设有海水淡化装置。

较先进的船上供水、供饲料均为自动操作，还会配备控制振动及噪声的系统、粪便处理系统等先进的动物生活设施，这些设计都为了给牲畜们提供舒适良好的生存环境，在海上较长时间封闭的航行中，有效保障牲畜的健康稳定。

牲畜船的大小用牛栏面积来衡量，这是牲畜船的主要指标。“MV OCEAN DROVER”号是目前全球最大的牲畜船，它的载货面积为24 000平方米，分为9层甲板，能一次容纳18 000只牛或者75 000只羊。

由于牲畜船上牲畜产生的大量粪便和

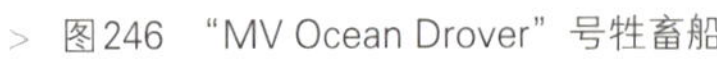

> 图246 “MV Ocean Drover”号牲畜船

尿液，离船两三千米就可以闻到难闻的气味，这些粪便和尿液必须及时处理。

“时间就是生命”——高航速与快装卸

牲畜船的航速很重要，航速间接代表着活牲畜在运输途中所花费的时间。因为活牲畜在集中运输的情况下容易产生各种疾病，并引发规模性传染，甚至会给船员和目的港所在国家造成输入性

> 图247 牛群走下牲畜舱

疫情。航程的时间越短，牲畜得病的概率就越小。

为提高牲畜装卸效率，船舶设计师在牲畜船上专门设计了特别的通道，牲畜通过特别的通道，可以到达指定的舱内。岸上也有相应的通道，确保牲畜沿着通道顺利上船或下船。

最高国际标准——澳大利亚最新海事安全规范

作为世界畜牧业最发达的国家，澳大利亚海事组织2006年针对牲畜船建造专门制定了澳大利亚最新海事安全规范（AMSA）。其中详细规定了通道设置、栅栏设置、通风设置、灯光设置、地板防滑、喂食槽和饮水槽、排污设置等内容。AMSA也是满足绿色环保新型牲畜运输船建造要求的最高国际标准。

为了海上运输中牲畜的健康和舒适，牲畜船会更关注航行的速度、摇晃，以及牲畜的活动空间、健康或疫情的预防等问题，让牲畜健康、愉快地抵达目的地。

从前的牲畜运输船是怎样运输动物的

最早的海上牲畜运输记录是公元前186年，主要是将经过驯服的雄狮、老虎、熊和大象等从一地运输到另一地进行表演，用于公众娱乐，其特点是数量少和航程短。13—15世纪，骑士在欧洲盛行，需要大量的马匹，因此马匹交易

图248　战争时期运输战马

旺盛，优良的马匹先被赶到欧洲最近的港口，如热那亚、威尼斯、马赛等港口，然后再装船运到其他欧洲国家。此时海运动物的种类主要是马匹，其他动物较少。

克里米亚战争、第一次世界大战和第二次世界大战都使用了骑兵，许多战马通过船舶运输到战场。据某航运公司记录，在1939—1940年，从美国通过船运到欧洲的马匹就超过3 000匹。第二次世界大

> 图249 过去蒸汽动力船只吊装运输活牛

战结束后，海运的动物主要是牲畜，主要目的是进行屠宰、饲养或通过引进优良品种进一步优化本地牲畜的品种，如提高奶牛的产奶量、加快肉牛和羊的生长周期等。

活牲畜运输船家族的“明星”们

目前每年全球海上运输牛、羊的数量分别是约80万头和1 000万头。运输线路主要从澳大利亚、新西兰、阿根廷等畜牧业发达国家到中东、欧亚等地的牲畜运输。随着澳大利亚、新西兰等活畜出口规模不断扩大，能够大批量运输活体牛羊的特种牲畜船越来越受到市场的垂青和关注。

中远船务建造世界首制AMSA规范系列牲畜船

中远船务工程集团有限公司（简称中远船务）于2013年9月向世界最大的牲畜船航运公司荷兰Vroon B.V.成功交付牲畜船“盖洛威快航”号，它符合AMSA最新技术要求。之后3年又分别交付第二、三、四艘系列船。

“盖洛威快航”号牲畜船总长134.8米，型宽19.6米，型深9.6米，最大吃水6.8米，牛栏面积4 500平方米，航速16.75节，续航力30天，可装载3 000头活牛。在技术要求上，不仅设计要新颖，而且必须满足AMSA最高的绿色低碳环保要求。

这系列船也是全球首次按照AMSA标准建造的系列牲畜船，做出许多创新：

> 图250 “盖洛威快航”号牲畜船

> 图251 牲畜运输船的牛栏

（1）为了在提高船速的同时减少航行中的颠簸，首次采用弓形球艏设计。

（2）为了让牲畜们的旅程更舒适，进食、活动等方面条件更好，首次对牲畜船货舱通风系统、粪便输送系统、自重式输送草料系统、货舱区防滑系统、货舱甲板清洗系统、货舱照明系统、货舱电力系统等进行创新设计与应用。

（3）为了满足牛栏安装高精度的要求，而且关牛放牛更安全简单便捷，首次实现了牛栏门互相替换功能，在牲畜牛栏布置的设计及应用研究方面采用铝合金材质。

（4）一艘船上几千头牲畜每天需要约135吨饮用水，为保证这些水的清洁健康，船上首次采用压载淡水及反渗透法造水机复合供水方式，并设计了自动化的供水系统。

Wellard Ships公司的活牲畜运输船队

新加坡Wellard Ships公司是世界上著名的从事活牲畜运输贸易的公司，它拥有许多牲畜船组成的船队。2016年4月27日，由中远船务旗下大连中远船务工程有限公司为它建造的大型牲畜船“希乐”号，刷新了我国最大牲畜运输船的纪录。

“希乐”号总长189.5米，型宽31.1米，型深24.33米，结构吃水8.85米，最高航速19.7节，一次可运输约1.7万头活

牛。它满足了AMSA要求，配备了牛羊自动饮水系统、自动饲料投送系统、振动及噪声控制系统等先进设施，可有效保障牲畜较长时间在海上航行的封闭船舱中的健康安全。

“希乐”号其实是仿照公司之前营运成功的“Ocean Drover”号而建造的。“Ocean Drover”号在2012年就完成了它的第100次航行。在这100次航行中，它到访过中东、亚洲和大洋洲的许

> 图252 “希乐”号牲畜运输船

> 图253 “希乐”号内部

多港口。其间一共运送过670 368只牛和3 837 127只羊，行程932 613海里，相当地球到月球距离的4.5倍。行程中，牲畜们一共消耗了超过150 000吨的饲料。

海上移动冷库

冷藏船

每天太阳快落山时，金枪鱼捕捞渔船“新世纪83”号上的船员开始收线，整条船进入一天中最繁忙的时段。为保证口感，船员在金枪鱼被拉上岸的15分钟内对鱼做完简单处理，迅速放入零下60摄氏度的超低温冷库。当收获金枪鱼达到一定数量时，岸上的工作人员就会通过卫星定位系统查找和联系附近公海上的超低温远洋冷藏运输船“平太荣冷1”号，把捕捞船上的金枪鱼运送到指定港口。

在“平太荣冷1”号冷藏船温度为零下50摄氏度超低温货舱里，6位身穿超低温专用防护服的船员将一条条冻得结结实实的金枪鱼用大网包住，再由船上起重机起吊并卸下。爱吃金枪鱼的小伙伴们很快就可以享受到新鲜金枪鱼的美味了。

除了“新世纪83”号，“平太荣冷1”号冷藏船还负责位于东太平洋和中西太平洋的其他38艘渔船上金枪鱼渔获的接力运输。让我们一起来看看执行这种特殊运输任务的冷藏船是一艘怎样的船。

> 图254 冷藏船货舱中的金枪鱼

> 图255 新鲜美味的金枪鱼肉

冷藏船小档案

冷藏船是用来运输处于冻结状态或特定低温条件下的蔬果、海鲜、肉类等易腐食品的专用运输船舶。冷藏船运输的主要冷藏货物包括水果、蔬菜、海鲜和冻牛肉、冻禽肉等。其中香蕉占到世界冷藏货物海运量的30%。对于海鲜，一些产地港口已经升级为冷藏集装箱运输，还有一些仍通过传统冷藏船运输。

在19世纪的帆船时代就有工程师尝试海运货物冷藏技术了。第一条采用冷藏技

> 图257 “达尼丁”号冷藏帆船

> 图256 冷藏船

> 图258 早期的冷藏船装货

术的"达尼丁"(DUNEDIN)号将冷冻牛肉从美国运往英国，随后的冷藏船多是将澳大利亚、新西兰的肉类、奶制品运往英国。船上由蒸汽驱动的冷冻装置，通过将压缩空气释放到船舱中来工作。

随着冷库技术的发展，人们开始设想既然冷库是食品保鲜的能手，那么当船上的货物特别需要保鲜时，是否可以把冷库带到船上呢，聪明的船舶设计师们把这个想法变成了现实，这就是冷藏船。

冷藏船是技术标准很高的船舶，船上的冷藏系统能够调节多种温度，以适应各舱货物对不同温度的需要。从事这种运输的船舶主要在一些欧洲国家，运输的商品主要为肉类、水果和蔬菜等货物。而俄罗斯、中国和印度的冷藏船主要从事海上渔业产品运输。

冷藏船按用途分类

(1)保鲜货物"快递员"——运输冷藏船。运输冷藏船从事港口与港口之间冷藏货物的运输。由于货物运输温度不同，有些可以是专用的，如香蕉运输船等；而有的是通用的，即同一冷藏船可运送多种

> 图259 现代冷藏船"SALICA FRIGO"号

> 图260 世界水果地图

冷藏货物。

冷藏船的航线很多，其中北美洲和欧洲是传统的冷藏保鲜产品消费市场。而中国、印度和菲律宾等国家也逐渐展露出强劲攀升的消费势头，水产、肉类、瓜果、蔬菜的持续增长，形成新兴的冷藏运输目标地。而盛产这些产品的南美洲、南非和澳大利亚等南半球国家地区一直是保鲜产品的主要供应基地。

（2）远洋渔业好帮手——渔业冷藏船。

> 图261 “开源”号渔业冷藏船

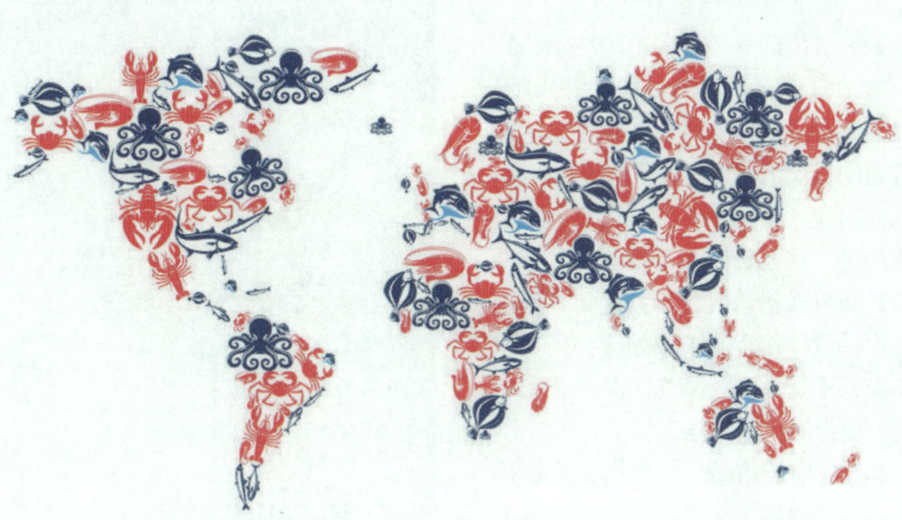

> 图262 全球海鲜地图

对于渔业生产来说，许多地区的港口已经建立冷库，但运量不多，或者设备落后，无法形成冷藏集装箱运输时，只能通过传统的冷藏船来运输。

金枪鱼是全球渔业产量最大的大洋洄游鱼种，它生活在大洋洲和印度洋领域，每年捕获量达200万吨。其他的主要渔业品种还有龙虾、鲑鱼、鱿鱼、海虾、海蟹、鳟鱼、鲤鱼等鱼种。

冷藏船按温度分类

（1）高温冷藏船。这种冷藏船运送的货物往往已经过预冷，达到一定低温要求，或虽然未经预冷，在船上需要保持的温度不低于0摄氏度。

（2）低温冷藏船。这种冷藏船一般运送已经冻结的货物，并且温度始终需要保持在零下15摄氏度以下。

（3）高、低温通用冷藏船。既能运送0摄氏度以上的冰鲜货物，又能运送零下15摄氏度以下的冻结货物。

冷藏船按结构特点分类

（1）垂向装卸——传统冷藏船。传统冷藏船和杂货船一样，通过顶部打开舱

> 图263 采用吊装方式装货的冷藏船

口，并采用起重机/井架起吊货物。

（2）水平装卸——侧开门式冷藏船。侧开门式冷藏船采用滚装方式装卸货物，又称滚装式冷藏船。这种冷藏船在船体侧面上有通向货舱的防水门，通过连接码头的电梯或坡道，利用输送机或叉车进行装卸。货物进入这些货舱入口或侧门后，再由托盘升降机或输送机将货物送到各自的甲板。这种设计使货舱顶部始终关闭，因此船舶装卸不受雨水和阳光高温等恶劣天气影响，使货物更好保鲜。

（3）冷藏集装箱船。冷藏集装箱船是专门用于运载冷藏集装箱的船，其中每个集装箱都有独立冷藏装置。这些集装箱一般为6.10米（20英尺）或12.20米（40英尺）的标准集装箱，与普通货物集装箱尺寸相同。冷藏集装箱船在供电和配电设备方面的设计与常规集装箱船不同，需要为每个集装箱的冷却系统供电。由于集装箱

> 图264　侧开门式冷藏船

> 图265　冷藏船的侧面装卸系统

装卸方便，许多新建集装箱船越来越多地考虑设计了部分运载冷藏集装箱的功能。

目前，传统的冷藏船逐渐受恒温的冷冻集装箱货运的威胁，冷藏散运货物运量不断减少。

> 图266 冷藏集装箱船

海上冷库的秘密——冷藏船的构造与设备

经得起海上颠簸的“大冰箱”

冷藏船的货舱为冷藏舱，冷藏舱需要配备大功率的制冷装置。因此，冷藏船尺度比同样载重量的普通货船要大。

冷藏船上的制冷装置由制冷机组和各种管系构成。制冷机组一般由制冷压缩机、驱动电动机和冷凝器组成。如果采用多级制冷，还包括盐水冷却器、冷风机等。冷藏船制冷系统由计算机集成，可以监测和控制每个独立冷藏舱的温度与湿度。

大家知道家用冰箱在倾斜时，它的制冷功能容易受到损害。冷藏船在海上航行过程中，不可避免地会发生各种摇晃、颠簸，并可能会处于高温高湿环境，在这些情况下，冷藏船的制冷机组等设备必须能够保证制冷保鲜的效果。

> 图267 冷藏船货舱内景

> 图268 冷藏船船舱分隔成一个个小舱室

恒温分隔的冷藏室

与一般货船相比，冷藏船的吨位较小，它的货舱对制冷、隔热有特殊要求。冷藏船所用的钢板比一般货船要求高，要能够耐低温。

为了满足不同货种对温度的不同要求，冷藏舱常隔成若干小舱室，每个舱室是一个独立而封闭的装货空间。舱壁、舱门均为气密，并覆盖有泡沫塑料、铝板聚合物等隔热材料，使相邻舱室互不导热。冷藏舱的上下层甲板之间或甲板和舱底之间的高度较其他货船小，以防货物堆积过高而压坏下层货物。

冷藏船上的制冷剂

冷藏船的常用制冷剂有氨、一氯二氟甲烷、二氯二氟甲烷、一氯二氟甲烷和一氯亚氟乙烷的混合物。二级制冷剂一般为盐水。三级制冷剂就是电风扇供给的空气。

冷藏船一般利用冷风冷却方式制冷。在运输水果和冷却肉类时，也可以向循环空气中加入少量液氮或注入二氧化碳和液氮的混合物进行冷却。运输冻结食品则多采用盐水系统。

冷藏船家族的“明星”们

8 000吨级远洋冷藏运输船“金洲”号

2017年5月，远洋冷藏船“金洲”号建成。“金洲”号船长134.29米，型宽21.5米，型深11.8米，吃水7.8米，货舱容积约为12 000立方米，载重量达8 000多吨，不论是冷藏货柜尺寸，还是吨位，

> 图269 “金洲”号冷藏船

在目前国内冷藏船中都是第一。“金洲”号主要应用于阿根廷到秘鲁航线的渔货运输。

“金洲”号从船用发动机到制冷设备等一系列关键设备，都已经实现百分之百国产。它在动力系统、制冷系统及保温材料上都采用国内领先技术，既保障了长途冷藏运输的效能，又提升了节能环保水平。

远洋超低温冷藏船“平太荣冷”系列

2017年8月，由平太荣远洋渔业集团有限公司投资、舟山市蓬莱船舶修造有限公司建造的6 000吨超低温远洋冷藏船“平太荣冷1”号建成。随后同系列的“平太荣冷2”号也建成，投入太平洋和印度洋地区的渔产运输。

“平太荣冷1”号、“平太荣冷2”号为无限航区的渔业运输船舶，总长116米，型宽16.6米，型深9.2米，设计吃水6.7米，设计航速为13节，主要用于金枪鱼等水产品冷藏及运输。它共有8个货舱，一次能运载3 000～3 500吨渔获，并可以提供最低温度零下55摄氏度的冷藏运输。这一系列冷藏船为目前国内自主研发的最大吨位的超低温冷藏船。

> 图270 “平太荣冷1”号渔业冷藏船

> 图271 金枪鱼

过去由于国内没有专门的金枪鱼冷藏船，捕上来的金枪鱼需要通过集装箱或租赁国外冷藏船运回国内，租赁难、运费高、回运周期长、产品质量难以保障，作业渔船生活补给也非常不便。“平太荣冷1”号起航后，一趟来回大约只需要三个月，与其他冷藏船相比至少节省一半时间。此外，作业渔区的金枪鱼延绳钓渔船需要补充的约1 000吨饵料，以及约700名船员4个月的生活物资，都可以由冷藏船兼职完成。

“平太荣冷1”号、“平太荣冷2”号渔业冷藏船的建成与营运，打通了从海上牧场到后方市场的绿色通道，建立起了一条包含捕捞、运输、生产加工和餐饮消费的金枪鱼全产业链。

以色列Carmel公司冷藏船

在专用冷藏船渐渐被冷藏集装箱船取代的背景下，以色列Carmel公司建造了两条多用途冷藏船“Carmel Ecofresh”号和“Carmel Bio-Top”号。这一系列船舶可承载4 200个托盘冷藏货、480个组合货架和600～700个冷藏集装箱。

两艘冷藏船的设计航速为17.1节，在以色列—地中海的欧洲门户港口之间，提供每周固定快航货运服务。

Carmel系列船为货物装卸设置了一个侧门和先进的升降电梯。货盘通过侧门装载至6个不同温度级别的18个冷藏室中。

> 图272 Carmel系列冷藏船卸货

机器人和先进计算机系统的应用提高了装卸速度和运输效率。每小时能够处理的托盘多达350个，大大减少了装载和卸载时间。这一装卸速度使货物在外界大气中的暴露时间减少，确保了产品的最佳保存质量。为保证冷藏效果，货物还使用特殊的包装和冰垫。每个冷藏室都配备了独立的监测系统，确保每个产品的温度、湿度和通风条件。

通过Carmel系列冷藏船运输新鲜农产品，在包装后的5.5天内就可以送往欧洲不同地方的客户。

Reefer RoRo冷藏船概念

Reefer RoRo冷藏船船型设计是2013年9月推出的，2014年又发布了Reefer RoRo Ⅱ版。它将滚装船特性融入冷藏船，并改善了货舱制冷。

（1）滚装装卸效率高。Reefer RoRo冷藏船的主要设计思路是通过滚装装卸方式减少冷藏货物装卸时间。传统的冷藏船装货时需要先将托盘吊装入船舶货舱，关上舱口盖，然后将冷藏集装箱装到露天甲板上。这种操作方式通常需要24～48小时才能完成装货。相比之下，Reefer RoRo冷藏船只需12～15小时的周转时间，它将托盘装载到拖车上，然后通过跳板将其运送到货舱，并进入四个内部甲板。同时，船只起重机将冷藏集装箱装载到露天甲板上。

Reefer RoRo冷藏船可装载12 500个托盘，每个托盘含54个箱子，共计675 000箱。55%的货物放在四个内部冷藏货舱中，45%装在露天甲板的冷藏集装箱中。

（2）冷空气均匀分布的货舱。设计师面临的一个难题是确保冷气在四个内部货舱中均匀有效地分布。传统冷藏船上，冷空气通过每个货舱底部的格栅吹出，并通过水果箱的托盘扩散。托盘存放在盒式传送带上，传送带底部由网格结构组成，以便空气分配到其下方，并通过托盘和水果盒

> 图273　Reefer RoRo冷藏船

> 图274 货车驶出Reefer RoRo冷藏船

吹出。每个空间的空气每小时更换90次。

Reefer RoRo冷藏船有4个大型滚装甲板，这些甲板又被分成10个更小的储藏空间。同时，甲板之间的内部坡道是密封的，可以更好地控制船舶装载后的温度和气流。

（3）可以变身汽车运输船的冷藏船。Reefer RoRo冷藏船是专门为中美洲和欧洲西北部之间的香蕉贸易运输设计的。它还可以在回程运载传统滚装货物。作为滚装冷藏船，它可以装载大约1 000辆小汽车、卡车/特种车辆以及一般工业设备。

考虑到这条滚装冷藏船的港口周转时间为15小时，而专用冷藏船约40小时，高效装卸节省下来的时间可以使它以仅16节的速度航行，节省了可观的燃料费用。运费成本总体降低了约35%，全年可节约超过1 000万美元。

大 智
GREAT INTELLIGENCE

第6章

向冰、向绿、向智而行

纵观海运发展历程，干货船的队伍越来越庞大，承担的任务越来越多元化。对于干货船的要求除了安全性、经济性，绿色环保方面的问题也日益引起人们的重视。

向冰而行

北极航道货船

根据“两点间直线距离最短”的原理，人们一直在探寻更便捷的航道，北极航道就是北半球航运中更接近直线的方案，未来会有更多干货船“向冰而行”。

> 图275 天恩号与保驾护航的拖船

2018年3月下旬，北欧地区的瑞典北部某港仍然处于冬季，天气寒冷，最低气温达到零下8摄氏度，港口处于严重冰封期。港口迎来了靠泊该港作业的最大一艘船舶“天恩”号，它载重36 000吨，配备4台回转式起重机，最大并吊能力200吨。

经过连续几天的紧张作业，“天恩”号卸下从中国运来的大批风电塔筒等设备，圆满完成首航任务。当装卸作业完成，“天恩”号离港时，因港池内已全部结冰，须由拖

> 图276 “天恩”号上卸下的风电设备由专用卡车接力运输

船提前来回驱散、破碎船舶周围及出港航道的冰层，以保证船舶离港安全。

“冰上丝路”畅想——北极航线

全球主要大国大多集中在北半球，形成目前的东北亚、北美和欧洲三大经济区，我国属于东北亚经济区。若能通过北极航道运输将三大经济区相连接，将大大降低我国与另两大经济区之间的物流距离及成本。北极航道分为东北航道与西北航道，东北航道从欧洲通往亚洲，西北航道由美洲通往亚洲。

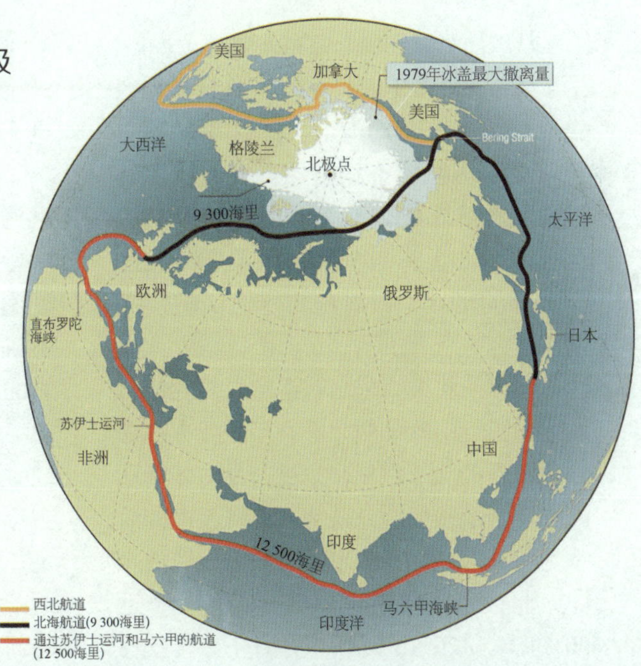

> 图277 北极航道简图

> 图278　冰级货船边的雪橇犬

从欧洲到亚洲的北极东北航道

早在400多年前，东北航道就作为经由北极通往东方的海上贸易之路，吸引了不少欧洲航海家积极探寻。大航海时代的欧洲航海家从大西洋沿岸港口出发，经挪威海北上，向东穿越俄罗斯与北冰洋毗邻的海域，最后由白令海峡进入太平洋。

如今，北极的东北航道定义为西起挪威北角附近的欧洲西北部，经欧亚大陆和西伯利亚的北部沿岸，穿过白令海峡到达太平洋的航线集合。以从冰岛到上海的航线为例，与绕行苏伊士运河的常规航道相比，北极东北航道可节省16天时间、近30%航程和20%的燃料，并且不必再支付运河通过费用。而且与现有航线相比，北极航道安全性更高，不用经历印度洋季风，也不会受海盗威胁，可以说是好处多多。

当然，东北航道也存在一定劣势：它属于季节性航线，只有在北极夏季冰面融化到一定程度时才可以开通，适航时间有限；它受全球气候变化的影响，不确定性较大；因为是新开辟的航线，它的航道基础设施建设不足，配套的港口、导航、救援等服务比较欠缺；航道经过国的法律、政策等相关规定也可能会影响航行活动开展。即便有着这些不足，如今这条被称为“冰上丝绸之路”的北极东北航道还是迎来了商业航运的新时代。

> 图279 20世纪80年代的一艘冰级货船

从美洲到亚洲的北极西北航道

北极西北航道的开通，对我国海上贸易同样有着重大意义。以上海到纽约航程为例，常规的经由太平洋、大西洋的航线必须途经巴拿马运河，总航程约1.05万海里，若改走北极西北航道，则航程为8 600海里，可省下20%的航程，节约7天左右的航行时间，还可省下巴拿马运河的通行费。

冰级货船的类型与特点

冰级货船类型

能在北极航道营运的货船为冰级货船。冰级干货船也有散货船、多用途船等类型。

通常，冰级多用途货船根据载重量可分为两个系列。一种为载重量2万吨左右的中型极地船舶，折合载箱量1 200标准箱左右。这种极地船长170米，型宽22米，设计航速在18节左右，基本采用柴油机动力装置推进，具备一定的破冰能力。

另一种冰级多用途货船为载重量

> 图280 “天健”号冰级货船

> 图281　冰级散货船

3.4万吨左右的大型极地船舶，折合载箱量2 500标准箱左右。它船长260米、型宽32米、设计航速20节，大多采用汽轮机动力装置推进，一些船舶还采用核动力，破冰能力较强。

应对极寒、“重装”上阵

冰级货船根据船级社冰级船相关的规则，经过冰级加强，可在冰区航行。根据不同程度的冰情，冰级船的外板、甲板、

> 图282　冰级多用途货船

> 图283 冰级船的关键结构都经过加固

> 图284 极地航行中的货船甲板

艏艉结构和舷侧骨架、操纵、拖带设备等，均需要进行专门加强加固。

当环境空气温度低于0摄氏度时，冰级船的主机、螺旋桨等动力装置应该能够安全和正常地运行，应急柴油机需要具有低温起动性能；它的液压系统、水管和水箱等含有液体的设备都需要采取防冻措施。

未来极地航行的船舶将会首选双壳结构。这样能够有效地减少船壳由于受到海冰冲击而严重破损的风险，提高船舶遇险后的生存能力。

北极圈内的气象条件复杂，还有极昼极夜现象，都会给船舶航行过程中的瞭望带来一些困难。未来的极地船舶较多会选择将驾驶室布置在船艏可以改善视线，使航行更为安全。

推进器保护，破冰而行

极地海域内特有的大范围浮冰不仅使船舶在航行时增加了额外的阻力，船舶轻载航行时还容易与周边的浮冰发生碰撞而损坏，影响船舶在极地航行的安全性。

为了使螺旋桨在海冰中正常运行，冰区船常采用导管螺旋桨，导管螺旋桨的强大推力可以克服极地浮冰阻力，为船舶提供足够的推进动力。另一方面，导管的设计能够有效地保护螺旋桨叶梢，当它接近水面时不会与浮冰碰撞。

绿色清洁，守卫北极净土

冰级干货船除了空气污染物的排放需满足Tier Ⅲ标准以外，各类污水和生活垃圾都要实现零排放。因此，冰级船还需加装污水、垃圾处理装置及巨大的收集舱，以使其至少满足1个月航行的需求。

导管螺旋桨

导管螺旋桨是在螺旋桨的周围增加一圈导管，使得推进器附近的伴流集中，提升整体推进效率。同样尺寸的导管螺旋桨能够比普通螺旋桨增加30%左右的推力。未来极地航行船舶将较多选择导管螺旋桨作为推进器。

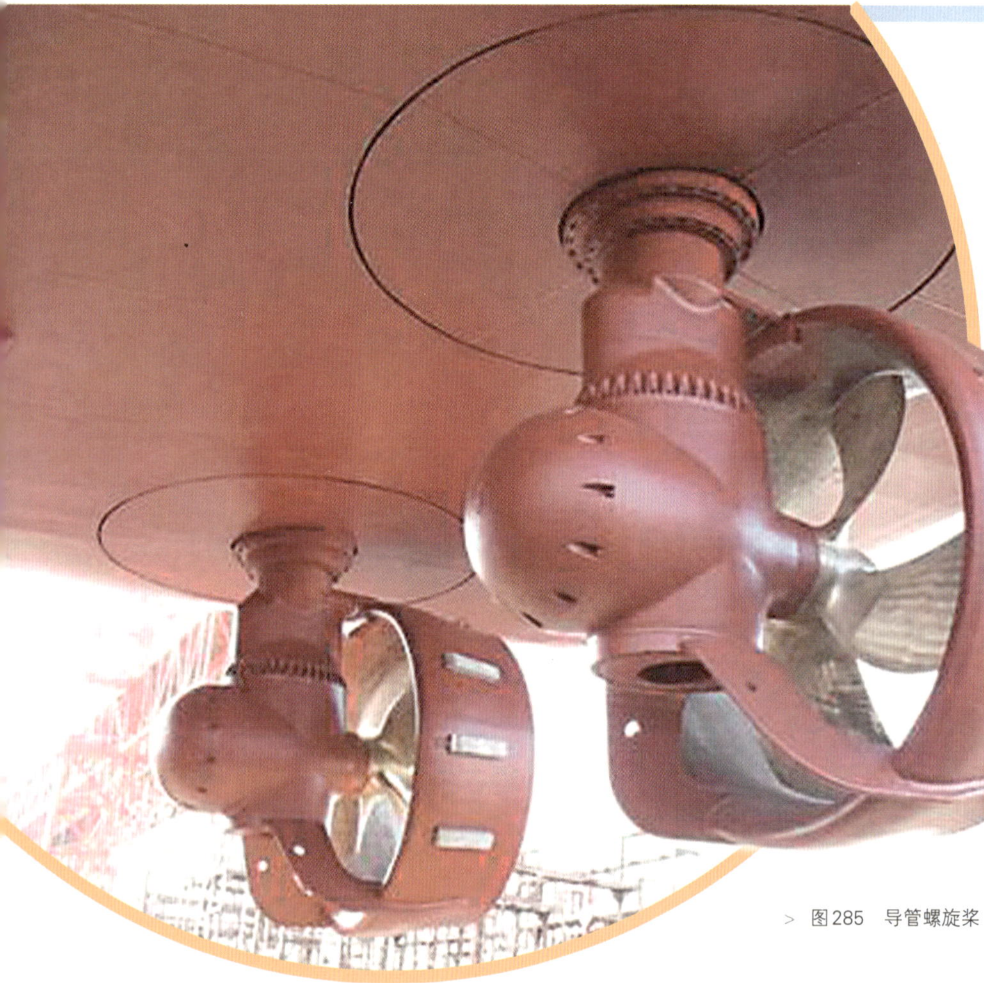

图285 导管螺旋桨

北极与南极“开拓者”——“永盛”号冰级多用途货船

“永盛”号是中远航运旗下的一艘多用途货船。2013年8月27日，它从白令海峡到达北极东北航道的起点，进入北极圈，然后向西经过楚科奇海、德朗海峡、东西伯利亚海、新西伯利亚群岛北部、拉普捷夫海、维利基茨基海峡、喀拉海、新地岛北部、巴伦支海，经过10天，于9月5日抵达挪威北角附近，总航程2 936海里。“永盛”号成为我国第一艘顺利通过东北航道的干货船，也是我国第一艘成功经由北极东北航道到达欧洲的中国商船。

2013年首航期间，"永盛"号在维利基茨基海峡遭遇大面积浮冰，冰区绵延上百海里，冰密集度达90%以上，很多深灰色冰丘露出水面四五米高。破冰船过后，开出的航道很快被密集的大小冰块覆盖，"永盛"号只能推压着冰块前行，船艏和冰块相撞击的声音、舷墙和冰块挤压的声音与船体振动声交汇在一起，惊心动魄。"永盛"号船长连续13个小时坐镇驾驶台，最终指挥"永盛"号顺利驶出危险区域。

上述航程是"永盛"号从太仓出发通过北极东北航道到达鹿特丹的7 931海里航程中最关键的一段。"永盛"号走完这

> 图287 "永盛"号在冰区航行

> 图286 "永盛"号冰级多用途货船

趟7 931海里的全程花费27天，比传统的经马六甲海峡、苏伊士运河的航线缩短了2 800多海里，航行时间减少9天。

“永盛”号船长155.95米，宽23.70米，总载重量1.9万吨，设计航速14节，冰级为中国船级社B1冰级。为了有利于夜间航行避让浮冰，“永盛”号上安装了X波段雷达，在6～7海里之外就有回波。根据航海专家推断：在3成冰左右水域，视线良好的情况下，船舶保持13节的速度足以绕避浮冰。因为浮冰相对不动，船舶与其保持2个船宽距离已足够，在冰块间穿行犹如在船群里航行般自如。

“永盛”号后来又几次勇闯北极东北航道，成功开辟了北极航线，为后续货船的航行奠定了基础。2016年它还开向南极，在南极海域作业近120天，圆满完成全球首个南极商业项目——为巴西南极科考站建立提供全程物流服务。

> 图288　冰级货船上看到的极光美景

> 图289　“永盛”号船员在南极合影

36 000吨冰级多用途货船“天”字号系列

2017年11月28日，上海船厂为中远海运特种运输股份有限公司建造的首艘冰级36 000吨冰区加强型多用途货船“天恩”号交船。它就是本节开头介绍的那艘冰区货船。

“天恩”号总长189.99米，型宽28.50米，型深15.8米，结构吃水11米；设计有4个货舱，为大舱口、箱型舱底，货舱内甲板为吊离式，散装货舱容31 000多立方米，全船装货面积达14 000多平方米；它配备了最大并吊能力200吨的4台回转式起重机。“天恩”号适合运输多种干货，包括各类特种货物。

“天恩”号为中国船级社B1冰级，可通行0.8米厚的当年冰航区，特别适合冬天去波罗的海。“天恩”号将和它的冰级姊妹船“天惠”号等共同服务于中国到芬兰的每年大约三个月的冬季冰区运输。去程装载国内生产的风电设备前往芬兰，回程则主要装载来自芬兰的纸浆产品。

> 图290　“天恩”号冰级多用途货船

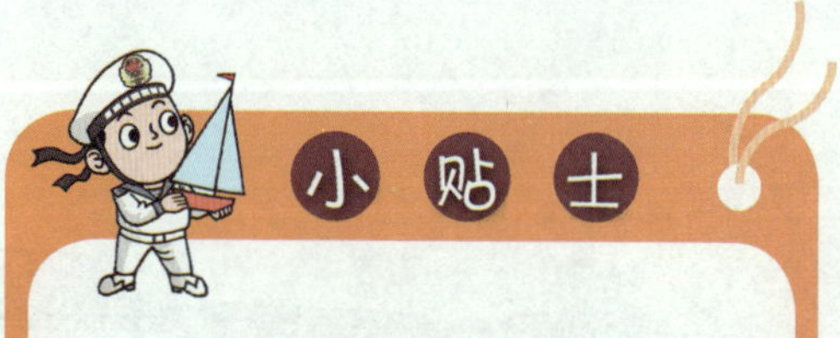

中国船级社B1冰级

B1冰级的船舶可以在严重冰况区域航行，必要时需破冰船辅助。船体的艏艉和舯部吃水，以及主机功率，都需要符合相关要求。

> 图291 纸浆货吊运

“天”字号冰级多用途船是航运企业落实“一带一路”倡议，积极响应“冰上丝绸之路”号召，积极参与开拓并保障北极东北航道的运营。

第一次穿越北极西北航道的货船——“努那维克”号

“努那维克”（Nunavik）号是加拿大最大的远洋航运公司Fednav名下的一艘动力强劲的破冰干货船，它从加拿大魁北克省北部出发，成功穿行整个北极西北航道，于2014年9月19日将加拿大皇家镍业公司的23 000吨镍精矿石运到中国营口市。

“努那维克”号长188.8米，型宽26.6米，满载吃水10.2米，载重量达2.8万吨。它属于灵便型散货船，有5个货舱，总容量为30 221立方米。它配备三台电动液压起重机，两台起重能力为30吨，一台起

> 图292 “努那维克”号散货船

重能力为50吨。当卸下镍精矿石返航时，它可以将设备和燃料运送到矿山。“努那维克”号在1.5米厚的冰上能够持续保持3节的速度。在开阔水域，则只需要三分之一的动力就能达到13节的航速。

“努那维克”号是世界上第一艘成功穿行整条北极西北航道的远洋商船。通过北极西北航道到中国的路线比传统的巴拿马运河航线短约20%，据估计这条航道的温室气体排放量减少了1 300多吨。Fednav公司还从岸上通过相关系统为“努那维克”号提供帮助，包括定期接收冰面情况的冰上导航系统、实时卫星图示等，以确保它航行的安全和效率。

向绿而行

清洁、节能的干货船

船舶燃料排放对于大气有污染，特别在港口、海峡和一些航线密级、船舶通行量大的海区影响更大。目前每年全球海上船舶排放的颗粒污染物总量相当于汽车排放的50%，占全球氮氧化物排放的1/3。

作为在干货船中占主体的散货船，它的主要贸易路线在从澳大利亚、巴西到亚太地区、印度洋和欧洲之间。到2030年，这些地区的绝大部分加入排放控制区（ECA），船用燃油消耗必须符合新版排放控制区要求。

目前，一些新造干货船已逐渐开始采用双燃料柴油机（经改造可使用液化天然气），而太阳能、风能和波浪能等清洁能源也渐渐被富有想象力的船舶设计人员应用到货船动力中去。绿色环保将是未来干货船的一个重要发展方向。

采用液化天然气动力的干货船

液化天然气（LNG）燃料舱的设计方案已经有许多。如英国劳氏船级社设计的“清洁天空”型散货船，它针对卡萨玛型

污染排放控制区

波罗的海、北海、北美和美国加勒比海是全球四大污染排放控制区域，这些区域对船舶废气中的硫、氮氧化物和烟的排放都有各自要求。

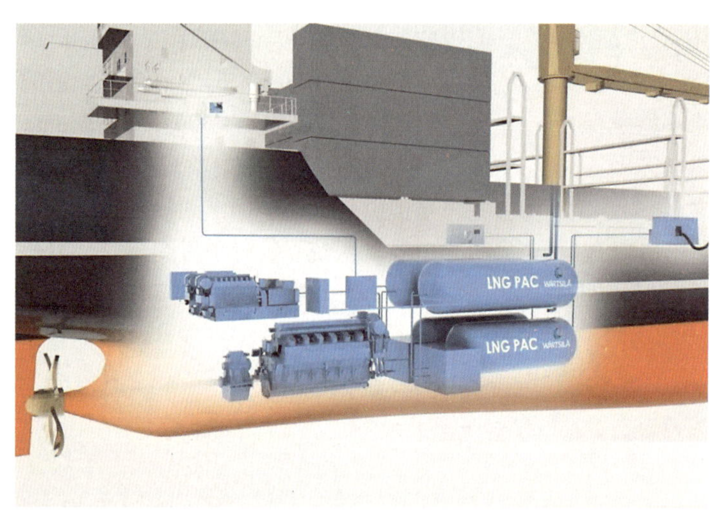

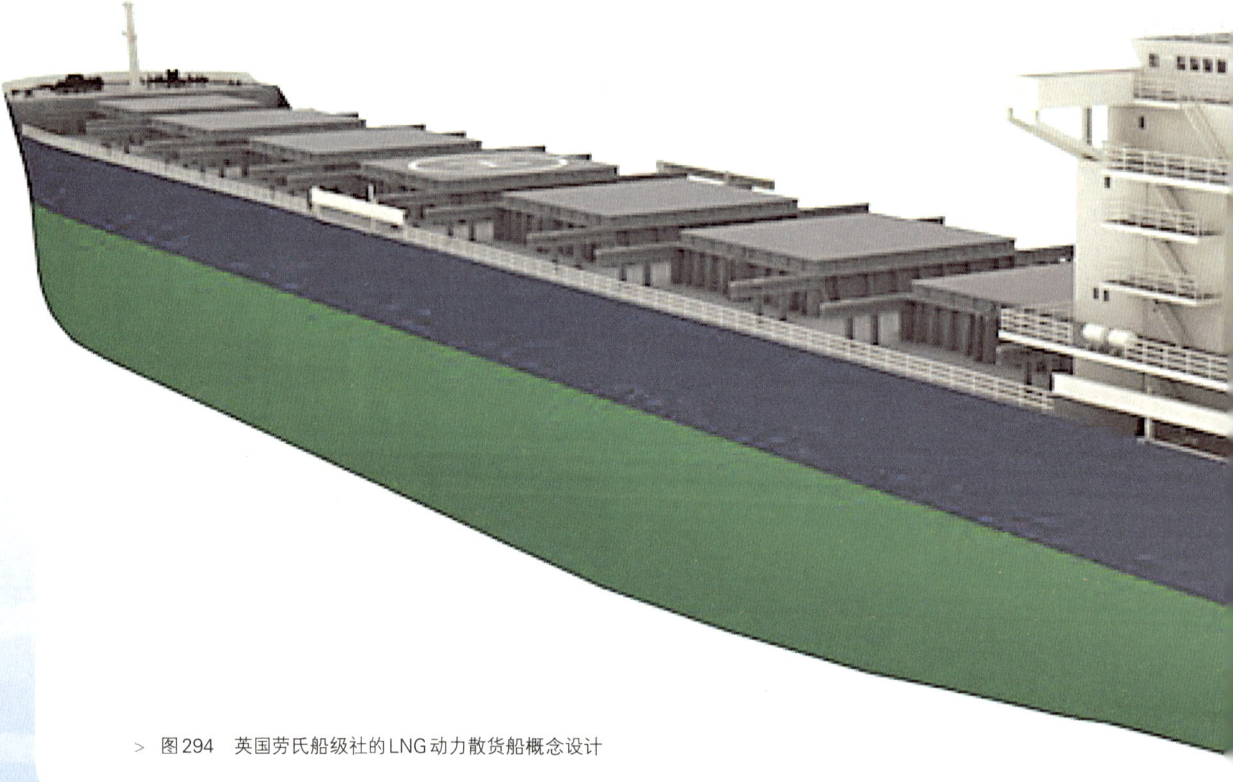

> 图293　双燃料散货船主机设计

> 图294　英国劳氏船级社的LNG动力散货船概念设计

> 图295 美国船级社的双燃料散货船概念设计

散货船（最大长度299米），船舶主机为双燃料或三燃料，包括重油、柴油及LNG。

阳光灿烂的航程——“中远腾飞”号太阳能车辆滚装船

2016年3月，“中远腾飞”号车辆滚装船的太阳能储能电池系统改装完成。“中远腾飞”号是一艘5 300车位的滚装船。

小贴士

光伏离网/并网

光伏离网也称独立光伏发电系统，它是不依赖电网而独立运行的系统，它的优势在于可以解决公共电网停电时的照明。

光伏并网是指光伏发电系统必须连接到公共电网的系统，必须依赖已有电网才能运行，技术较离网更为复杂。

> 图296 “中远腾飞”号太阳能汽车船

> 图297 “中远腾飞”号上的太阳能电池

这次改装改善了船上的太阳能系统与传统电力系统的并网测控技术，并加入节能减排设计。

“中远腾飞”号安装的太阳能光伏系统总面积达到1 050平方米，总发电容量为143.1千瓦，成为我国最大的采用光伏离网/并网技术的太阳能船舶。在此之前，船舶应用太阳能电池技术规模一般为中小型，模式也大多采用离网。

“中远腾飞”号对船舶顶层甲板结构进行改造，用以布置电缆、蓄电池储能及相关控制舱室设备，并安装太阳能光伏电池阵列。因为海上高盐度、高湿度的航行环境，船上使用的太阳能电池板的固定支架需要具有防腐蚀的设计，使用寿命为20年。同时太阳能电池板要具有自清洁功能，通过雨水冲刷就可达到清洁效果，减少污染物附着影响太阳能利用。

为进一步提升太阳能光伏系统的效能

并减少污染排放，船上12层车辆甲板舱的照明系统以及机舱照明都采用更为节能并可靠的LED灯光，总照明耗能从原来的120千瓦降低到54千瓦。

行船借风好远航——世界首艘风筝船“白鲸天帆”号

“白鲸天帆”号是第一艘可利用风力发电提供辅助动力的货船，2008年初开始在大西洋上航行。160平方米的风帆在水面上100～300米处运行，比普通帆船的风帆更强大更稳定，平均节省燃油量达到了10%～15%。

天帆系统由安装在驾驶桥楼上的自动控制系统监控，远程开启和操控风帆，并持续监控和控制风筝。

天帆系统可以收回，在3蒲福以下的风力时不能发射。天帆系统采用双壁型材，拖曳风筝的空气动力学特性与飞机机翼相似。因此，天帆系统不仅可以顺风运行，而且可以在与风向夹角达50度的路线上运行。试验结果表明，在半风，从90度到270度的上风和下风过程中可以获得较高的推进力。

天帆系统可作为干货船的辅助风力推进系统，它的性能及效率很大程度上取决于行驶路线上的风力条件，因此天

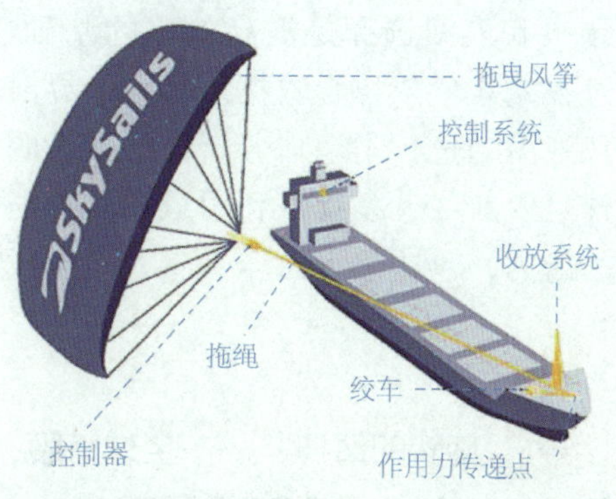

> 图299 天帆系统组件

> 图298 “白鲸天帆”号货船

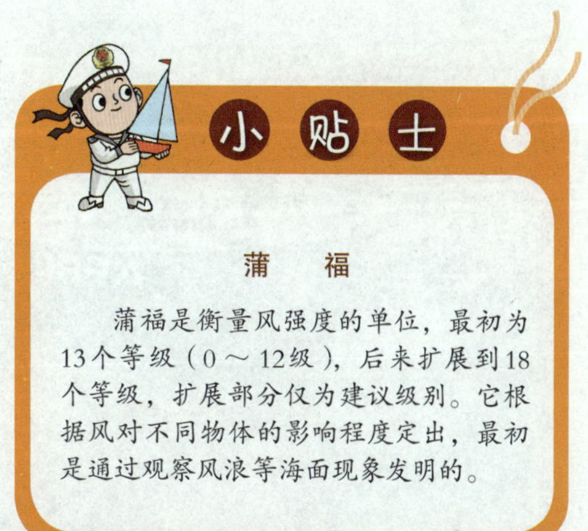

蒲　福

蒲福是衡量风强度的单位，最初为13个等级（0～12级），后来扩展到18个等级，扩展部分仅为建议级别。它根据风对不同物体的影响程度定出，最初是通过观察风浪等海面现象发明的。

气预报和航线选择是提高效率的基础。以过去六年气象综合数据库，对世界海洋风能潜力进行了全球分析，结果表明全球主要航线大多具备利用风能作为能源的潜力，包括北大西洋、北太平洋或北欧。

“旋转的风神”——全球首艘旋筒风帆散货船“AFROS”号

2018年初，我国船厂为希腊船东建造的64 000吨散货船“AFROS”号交付。这艘船全长199.9米，型宽32.26米，型深18.5米，设计吃水11.3米，航速14.4节。它装有甲板风动节能装置——旋筒风帆，这种风动装置被命名为“ANEMOI”，希腊语意为风神。

旋筒风帆是在船舶敞开甲板上放置的圆筒，并绕其主竖轴旋转，以利用风能。“AFROS”号上的旋筒高度为18米，最大转速450转/分钟，船上共装备了4台，作为辅助推进动力装置。使用时根据安装在雷达桅杆上的风速风向传感器信号，控制旋筒转速及转向，以获取最大推力。按理论计算，旋筒风帆投入使用后可在相同航速下平均每天降低4吨左右的主机油耗，预计3～4年时间可收回成本。

旋筒风帆是利用马格努斯效应获得推

> 图300 “AFROS”号散货船

> 图301 安装旋筒风帆的货船

力的装置，可用于船舶推进。旋筒风帆的效率比传统风帆高10倍左右，因为更小的风帆面积能够产生更大的升力。它操作简

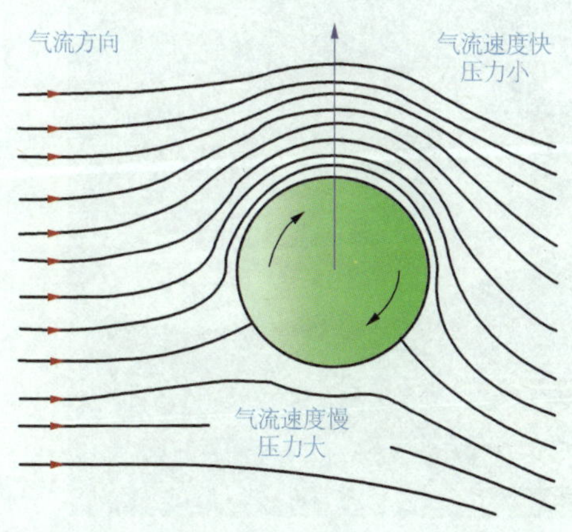

> 图302 马格努斯效应原理图

马格努斯效应

马格努斯效应是一种流体力学现象，即在气流中运动的旋转球体或圆柱体，由于两侧形成压力差，球体或柱体向低压一侧运动的现象。最初是德国物理学家马格努斯研究并描述了这一现象，也因此用他的名字为这一现象命名。

马格努斯效应是生活中常见的现象，会造成足球等球类运动中，一些看似诡异的球体运动曲线，比如“香蕉球”就是马格努斯效应的实例。

单，工作时不需要收放船帆或其他调整。在理想的风力及航速条件下，应用旋转风帆的船舶最多可以节省四分之一的燃油。

“阳光与风伴我行”——安装太阳能帆的散货船

日本生态海洋电力公司（EMP）的EnergySail是一种由高强度钢或碳纤维制成的刚性帆，安装在甲板旋转杆上。不同于普通船帆的是，它嵌入了太阳能电池板，可以同时收集太阳能和风能，为船舶提供电力。它可以补充或替代通常由辅助动力装置提供的电力，以提高船舶的海上运输效率并降低成本。当航行环境不合适时，这种太阳能帆可以收

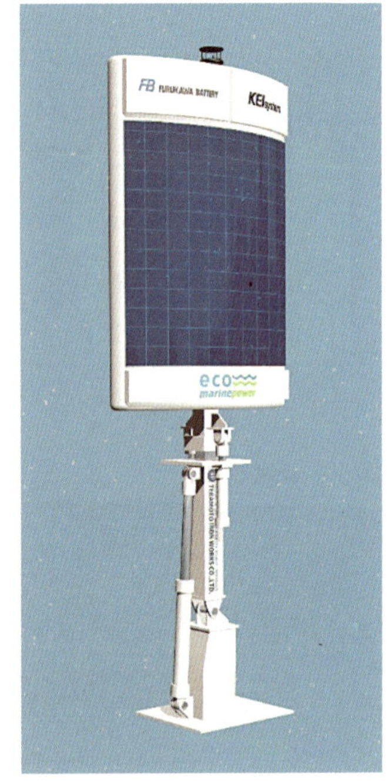

> 图304　太阳能硬帆

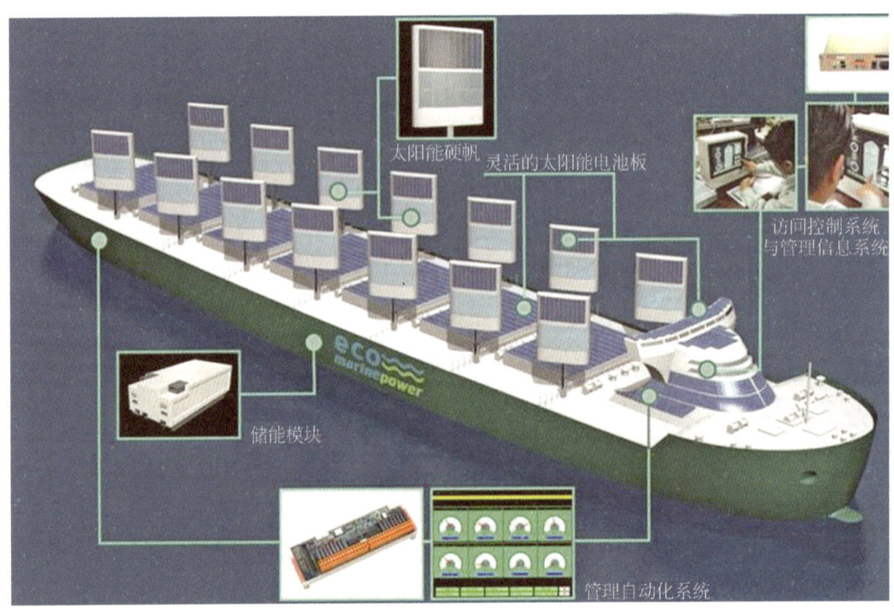

> 图303　安装EnergySail太阳能电池板的船

起。当船舶在港口停靠时，EnergySail也依旧能够收集能量，并转换成电能储存在电池中。

目前，EMP公司正在研究EnergySail安装在干货船上的适用性和具体应用方案，仔细核算太阳能电池板所能提供给每艘船的电量，并且还根据每条航线提供给EnergySail的不同环境条件，计算出确切电量数值。

EMP公司表示，当所有硬件一起使用时，将极大地节省原有船只的燃油消耗，还将极大地减少二氧化碳等污染物的排放量，大大减轻环境污染。据估计，该系统每年将减少5%～20%远洋船舶的燃油消耗。

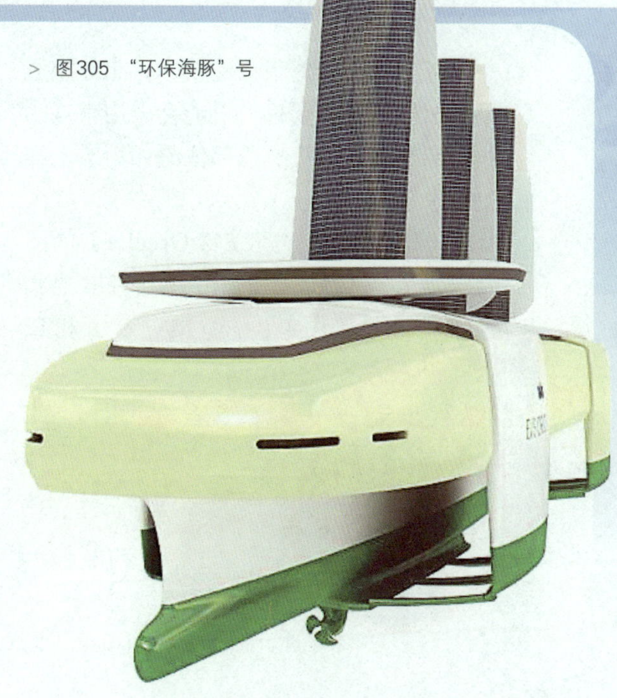

> 图305 “环保海豚”号

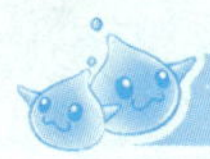

零排放的“环保海豚”号

挪威华轮威尔森公司2009年开展了“ZERO”零排放项目，制定了实现零排放船舶的发展规划，包括新能源利用、货舱容量优化、船型结构优化、材料优化和新的推进系统等设计，并计划实现无压载水航行。最终目标是到2040年实现二氧化碳、氮氧化物、硫化物和颗粒物的零排放。

考虑到汽车运输船的货舱需求，研发人员为船体选用优化的单体结构，还开发

> 图306 “环保海豚”号船底的震荡鳍

一些减少水面摩擦阻力的技术，比如空泡系统；船体的主要材料可能会采用常规的钢、铝等，在一些特殊部位比如甲板室等则会采用轻型材料。

“环保海豚”号（E/S Orcelle）的能量来源包含风能、太阳能、燃料电池和波浪能，并采用2个吊舱推进装置和12个震荡鳍作为推进系统。安装在船体上方的三幅铝质大帆板，可通过电力和液压方式竖起、放下、转向，以最大限度地利用风力；大帆板上有太阳能电池板，可以向阳光最多的方向扭转以增加获取太阳能；震荡鳍则可受海浪推动为船吸收波浪能。

向智而行

智能化、无人化干货船

如果说无人驾驶汽车的概念已经为大家所熟悉，那么你有没有想象过无人驾驶干货船呢？鉴于目前远洋干货船海员的人力成本，以及人为操作难以避免的失误等因素，对智能化货船的需求应运而生。相比汽车在陆地上的行驶环境，干货船的工作过程与环境要复杂许多，所以无人化货船的发展要从智能化阶段开始。

智能船舶是更“聪明”的干货船，它利用传感器、通信、互联网、物联网等技术手段，自动感知并获取内部各零部件及外部环境的数据和信息，包括航行相关的海洋环境、天气、物流、港口等方面，并基于自动控制技术和大数据处理、机器学习和分析能力，智能化地进行航行、管理和维修等工作。

智能船舶的发展

虽然智能船舶的概念是近年来才提出的，但让干货船变得越来越聪明的尝试是船舶设计师们一直以来孜孜以求的。可以说，无人机舱和一人驾驶桥楼等技术就是智能船的最初尝试。

无人机舱

机舱是一个充满噪声、震动、高温和油气的场所。在无人机舱产生以前，无论船舶航行过程中如何摇摆颠簸，总需要有人员守在机舱中，按照驾驶室发来的指令操纵主机，另外还得经常巡视机舱，观察各种机器设备是否运转正常。

随着船舶自动化技术的发展，通过驾驶室遥控装置、集中监视系统、各种辅助

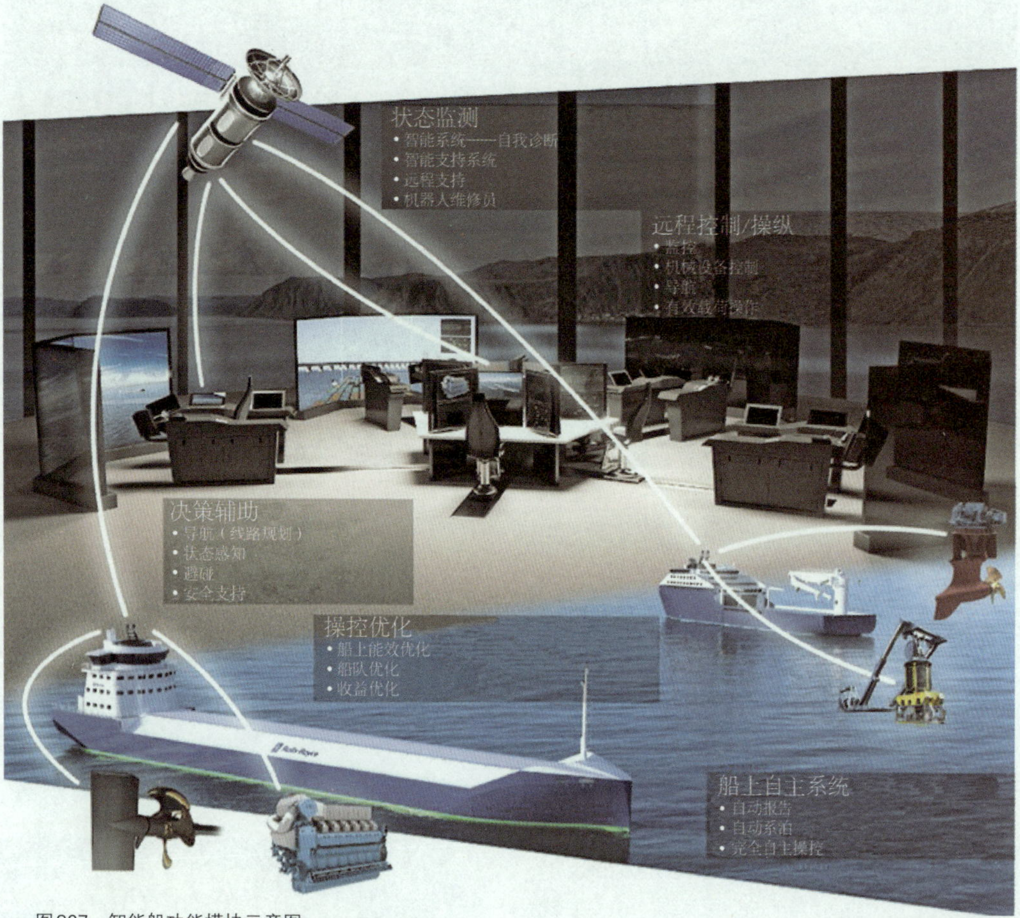

> 图307 智能船功能模块示意图

的自动装置等，机舱中不再需要工作人员留守，大大改善了船上人员的工作环境。无人机舱在正常工作时不需要有人留守，一旦出现故障则就会自动报警，当故障消除后仍恢复自动运行。

一人驾驶桥楼

一人驾驶桥楼就是由一位操作人员在驾驶室里既负责瞭望，又完成驾驶操作。一人驾驶桥楼设计中，航行工作站负责接收和处理各种信息，如主机转速、航行速度、船位、舵角、航向、风向风速、水深、雷达警戒等，并自动完成航行计划。一人驾驶桥楼需要配备的设备主要有电子海图、雷达、定位仪、操舵仪及主机控制监视报警等。除了设备，一人驾驶桥楼还对船舶桥楼结构有一定要求，桥楼的驾驶室需要设计成全封闭结构，从艏部一直到桥楼两翼，保证驾驶室360

> 图308 一人驾驶桥楼

度环形全视野。

一人驾驶桥楼最大的优点是减少船员数量，并通过电子海图自动航行和航迹保持，使实际航线与计划航线的误差越来越小，优化了航程，节省了燃料和时间。

如火如荼的全球智能船研发

欧洲企业在船舶行业拥有传统优势，也最先开拓无人船市场。作为全球无人船技术领导者，罗尔斯·罗伊斯公司早在2015年就推出了无人船计划——通过岸上操作控制中心，远程监控无人驾驶船队。作为远程监控无人船的升级版，欧洲和日本企业在政府的支持下还在合作研发自主控制无人船，实现真正彻底的无人化。他们力图在波罗的海实现船舶完全遥控运营之后，到2025年实现商船海上运输的自主控制。

我国的智能船研发也紧随其后。全球首个《智能船舶规范》由中国船级社于2015年12月发布，从智能船体、智能机舱、智能航行、智能能效管理、智能集成平台和智能货物管理六个方面制定了相应规范。中国无人船开发联盟于2017年成立，16家开发联盟成员单位共同建立起了

> 图309 中国无人船概念船与相关规范

无人船研究开发技术体系。

罗尔斯·罗伊斯公司打造“无人”散货船船队

目前全球无人船行业先锋罗尔斯·罗伊斯公司已经开发了无人船概念船，计划在2020年前进行海试，并在2035年实现远洋航行。在概念船中，船舶维护、安全导航和与周围船只或目标的通信将被自动化技术取代。舱室空间将减小。通过采用轻型材料如铝或碳纤维合成物，上层建筑的重量将减轻。

罗尔斯·罗伊斯公司认为，无人船就像智能手机一样具有颠覆性，可能彻底改变船舶设计和运营的格局，并影响全球船队的监控和运作。在无人船的远程监控操作中，工作人员使用交互式智能屏幕、语音识别系统、全息图和监控无人机监视船上及周边发生的事情。这些设计也借鉴了航空、能源、国防和太空探索等行业智能设计的经验。

> 图311 罗尔斯–罗伊斯公司无人船计划中的陆地控制中心

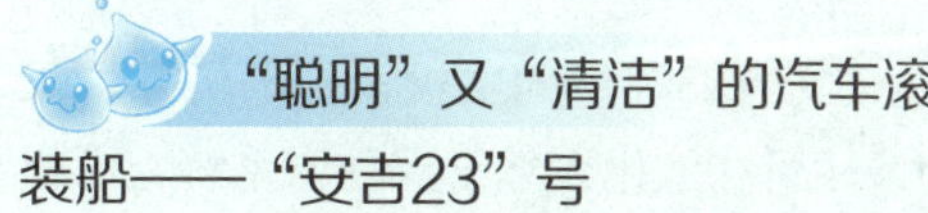

“聪明”又“清洁”的汽车滚装船——“安吉23”号

2017年建成的3 800车位“安吉23”号，是由我国船东订造，又由我国自行设计建造的一艘汽车/卡车运输船。它总长169米，型宽28米，拥有10层车辆甲板，设计航速16节，并且拥有众多创新之处。

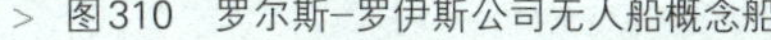

> 图310 罗尔斯–罗伊斯公司无人船概念船

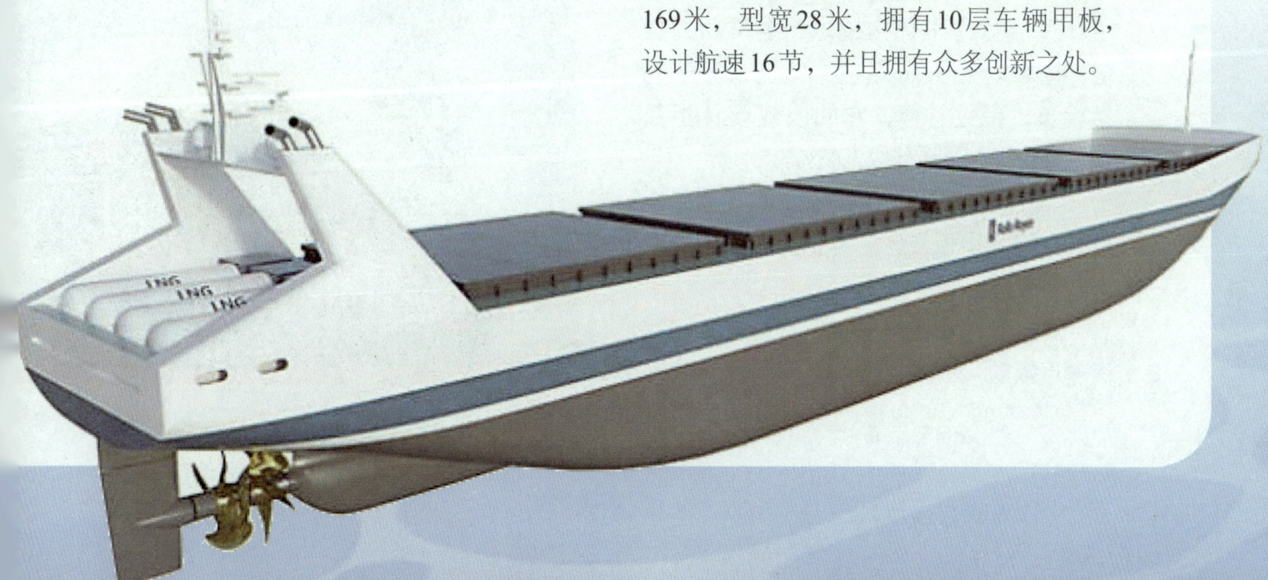

> 图312 “安吉23”号车辆滚装船

绿色而节能

“安吉23”号的主机、发电机等均采用柴油机和液化天然气双动力系统，可根据航行区域灵活切换。在使用液化天然气燃料时，基本实现硫化物及颗粒物零排放，同时降低二氧化碳废气排放。

“安吉23”号的高效节能设计中应用了计算流体力学优化技术、主机动力优化，以及选用大量绿色、节能、环保的新设备，经过计算，它的能效设计指数（EEDI）低于国际基线30.5%。

“安吉23”号在车辆舱安装了两层全自动升降式甲板，还设置了为新能源汽车充电的装置。

第一艘由我国船级社认证的绿色智能汽车运输船

“安吉23”号聪慧、富有灵性、拥有善于思考的“大脑”，配备“能效在线管理”和“全船监测与报警”系统达600余点，通过“智能巡检”“大数据分析与岸基共享”“视频监控”“手机APP”等方

> 图313 “安吉23”号命名仪式

式，实现了船舶管理智能化，是我国第一艘被中国船级社授予“船舶能效实时在线综合监控”和“无人机舱”附加标志的智能型汽车运输船。它将环境工程学、人体工程学与船舶美学有机结合，被媒体形容为“史上最秀美的汽车运输船”。

全球首艘“会思考的船”——“大智”号

2017年12月4日，全球首艘智能船舶“大智”号由广州中船黄埔文冲船舶有限公司制造完成。全球目前发布了智能船舶规范的船级社仅有英国劳氏船级社和中国船级社。之所以称“大智”号是全球首艘智能船舶，是因为它是世界上第一艘同时获得两家船级社认证的智能船。它由我国自主研制并投入商业化运营，标志着中国智能船舶、智能航运时代来临。

> 图314 智能船“大智”号

“大智”号总长约180.0米，型宽32.0米，设计吃水9.5米，载重吨约38 800吨，航速14.0节。它是一艘“会思考的船”，拥有“大脑”“心脏”和“神经系统”，可通过智能系统平台实时监控天气、海洋环境、障碍物、港口信息以及船内部设备。

“大智”号安装了全球首个船舶智能运行与维护系统（SOMS），可自主学习，它相当于船舶的“大脑”；安装了全球首台智能应用低速主机（船舶的“心脏”）；船舶的“神经系统”则是由我国自主研制的首套智能主机遥控系统。在功能上，SOMS拥有智能机舱、智能航行、智能能效管理三套子系统。

细致入微的智能机舱系统

智能机舱通过船舶健康管理系统，实时传递船舶设备健康状况，在设备出现故障前发出预警，并给出排除故障建议，比如系统分析出主机的一个喷油嘴需要更换，就会提示工程师提前进行检查更换，实现基本零故障、无忧管理的运营目标。

船舶的“神经系统”由500个传感器组成，覆盖全船各处。在船舶实际航行过程中，这些传感器能迅速捕捉到人眼很难发现的设备微小故障，使机舱设备事故大幅减少，设备维护时间大大缩减，并且还可以收集各种内部和外部信息，丰富数据库。

“天生老司机”——“智能航行系统”模块

“大智”号的智能航行系统预设了110余个智能数据分析模型，这些模型将多种

> 图315 智能船上安装了大量传感器监测设备状态

航运线路的船舶状况、海洋环境、卫星导航等信息进行计算分析，使得船舶会自行选择最安全的航向，避开洋流影响，免遭台风侵袭，给出省时、省油、舒适的综合路线建议。有了智能航行系统的“大智”号，一出生就像一位航行经验十分丰富的“老司机”。

可以通过一个例子来理解智能航行系统：首先，船东利用APP向船上智能系统下单，指示货船从上海港出发，航行到纽约港，同时给出规定的出发和到达时间。系统根据这些指令进行计算分析，找出最安全省时的线路，并开始执行任务。在航行过程中，系统还能根据实际的海洋、天气和沿途港岸信息，随时调整航行计划。

精打细算“好管家”——智能能效管理管理

智能能效系统可以实时监控和分析评估船舶海上航行时的能源消耗、设备性能状态，提供能效分析结果，包括通过最佳配载、航线优化等决策优化能耗，以降低全船总的能源成本，并有助于使船舶保持最佳状态。数据显示，使用智能能效管理模块后，污染排放更少，推进效率提高约3%，相同航速日均油耗降低约6%。

诸如智能机舱、智能航行管理、智能能效管理等这些子系统以模块集成的形式嵌入智能船，如同智能手机上安装的一个个应用程序。这些子系统各司其职，自动感知、采集船舶自身和海洋环境中的各种数据信息，并通过计算分析给出决策优化建议。

期待更高版本的智能船

“大智”号开创了全新的智能船舶设计理念，实现了全船信息共享、自主评估

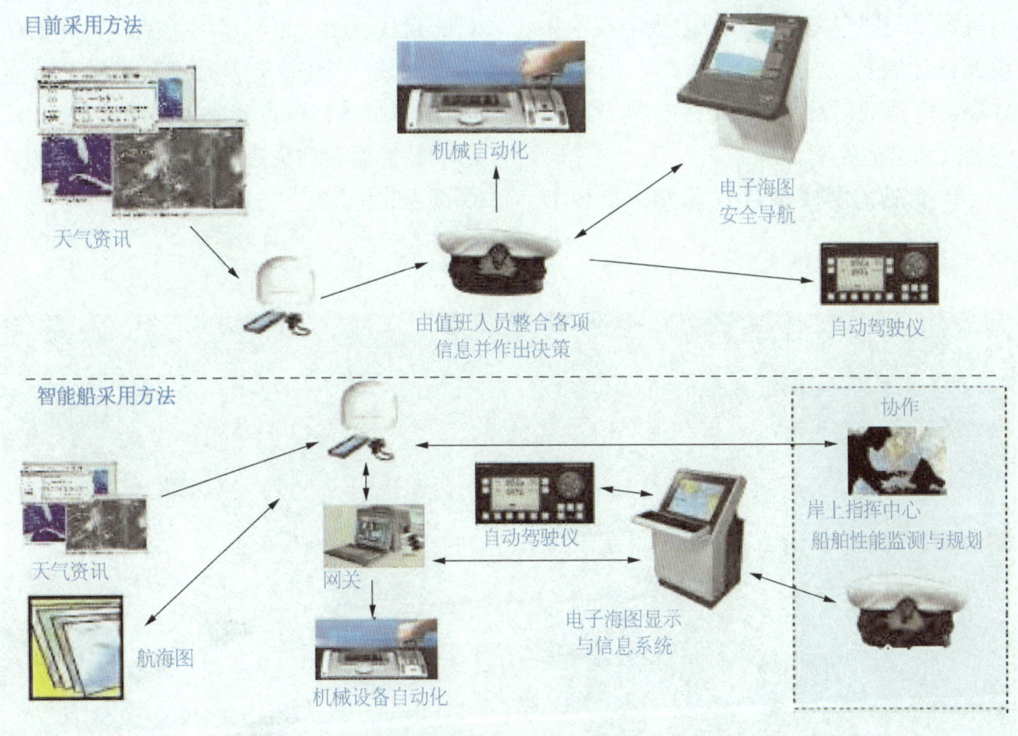

> 图316 普通货船与智能船功能模块对比

> 图317 运筹帷幄的智能航行系统

能效在线管理

能效在线管理是指利用计算机对船舶能量效率进行实时综合监控管理。通过采集船舶动力装置及各种航行仪表数据，对船舶的能量消耗情况进行在线监控，并对数据进行分析，以提高船舶的能效，减低油耗。

与决策，向船东提供全方位的数字技术和决策优化服务，提高船舶的安全、环保、经济、舒适性以及智能化水平，提升船队的能效和营运效率。

智能船需要实现自我感知、自我分析、自我反馈、自我学习等能力，并相互贯通形成一个闭环。“大智”号属于智能船舶1.0版本，重点解决“辅助决策”。今后的智能船会向更高的版本升级，最终实现真正的无人化。

> 图318　俯视“大智”号

参考文献

1. 程斌.船舶及海洋工程导论.上海：上海交通大学出版社，1996.
2. 林静.海洋运输队：轮船和军舰.北京：中国社会出版社，2012.
3. 孙松鹤.船舶与海洋结构物设计与制造.上海：上海交通大学出版社，2013.
4. 余建星.船舶与海洋工程设备.天津：天津大学出版社，2011.
5. 张毅.极目远眺浪推沙——船舶设计专家许学彦的故事.北京：科学普及出版社，2017.
6. Klaas Van Dokkum. Ship knowledge-ship design, construction and operation. Enkhuizen: DOKMAR MARITIME PUBLISHERS B.V., 2005.
7. nick savvides. significant ships.
8. 刘江洁.散货船制造大国之路.中国船检，2010（2）：29-31.
9. 刘江洁.散货船的生命足迹.中国船检，2010（2）：21-25.
10. 崔燕.新中国第一艘万吨轮诞生记.中国船检，2009（5）：78-81.
11. 吕同舟.王荣生：圆梦中国造船.中国远洋航运，2008（4）：42-46.
12. 崔燕."长城"号：中国造船从这里转身.中国船检，2009（7）：66-69.
13. 罗强.中国船企缘何盯上VLOC.中国水运报，2016-04-25.
14. 定军.新一轮VLOC订购热潮或将掀起.中国水运报，2012-06-11.
15. 定军.用江海直达船，江苏及上海长江沿线港口受影响最大.21世纪经济报道，2014-06-20.
16. 李路.CHINAMAX—散货航运的新航母.船舶设计通讯，2008（2）：3-5.
17. 林希胜.载驳船的发展历史和现状.中国水运，2010（8）：1-3.
18. 胡关德.多用途船型特点与设计简介.船舶设计通讯，2010（3）：20-25.
19. 国际船舶网.多用途船：未来支线运输主力.中国船舶报，2016-10-11.
20. 徐亦琳.我国滚装船运输发展概述.中国水运，2013（12）：26-27.
21. 林平.我国建成首艘长征火箭运输船.航空航天，2013（3）：34-35.
22. 石柱平.5200DWT空中巴士滚装船.江苏船舶，2015（1）：11-13.
23. 秦琦.节能环保概念船新靓点.中国船检，2011（3）：50-53.
24. 龙巍.世界首艘千吨级纯电动船下水.中国水运报，2017-11-12.
25. 辛吉诚.谁是极地船舶的未来之星.中

国水运报，2017-10-30.

26. 中国水运报.中国造无人货船欲领航全球市场.中国水运报，2017-12-18.
27. 严新平.智能船舶的研究现状与发展趋势.交通与港航，2016，3（1）：23-26.
28. 国际船舶网，无人散货船来了！全球船市翻天覆地.珠江水运，2017-06-14.
29. 胡逢.引领船舶走进智能时代.中国水运报，2017-11-22.
30. 上海市地方志办公室.第一章船舶.［2002-12-18］. http://www.shtong.go.cn/Newsite/node2/node2245/node4507/node55005/index.html.
31. 国际船舶网. valemax，全球最大的矿砂船.［2013-5-17］. http://www.eworldship.com/html/2013/ShipDesign_0517/70431.html.
32. 陆悦铭，朱明，杨辉，等.趣谈牲畜的海上运输.《航海》，2016（1）：26-29.
33. 李俊.超大型矿砂船LNGREADY设计方案.船舶设计通讯，2017（10）：59-64.

后记

新中国成立以来，我国舰船与海洋工程装备从小到大，由弱变强，实现了跨越式发展，为捍卫我国海疆和保障国民经济的发展作出了巨大贡献。为了使广大青少年和公众读者了解到我国舰船研制的艰难历程和取得的成就，中国船舶及海洋工程设计研究院、上海市船舶与海洋工程学会、上海交通大学及上海科学技术出版社密切携手，编纂出版“国之重器——舰船科普丛书”，向中华人民共和国建国70周年献礼。

此套丛书编写得到曾恒一院士、潘镜芙院士以及80多位新老科学家的响应和支持，为其顺利出版奠定了基础。丛书编纂中，注重原创，努力将科学性、权威性、严谨性贯穿始终，把技术性、知识性、趣味性融于一体，把舰与船的专业知识从学术殿堂驶达青少年和公众读者的心田。

上海市船舶与海洋工程学会理事长邢文华、中国船舶及海洋工程设计研究院党委书记卢霖、江南造船（集团）有限责任公司董事长林鸥、沪东中华造船（集团）有限公司纪委书记胡敬东等领导对这套丛书的编撰出版予以多方支持和鼓励，并明确指示：该丛书的编撰是一项系统工程，要求高、时间紧、工作量大，要发挥科技人员的参与意识和普及“国之重器”科学知识的积极性，努力把丛书编好，使它成为一部向广大青少年和公众读者科学普及舰船知识，弘扬海洋文化，开展国防教育的好丛书。

100多位从事舰船及海洋工程科研、设计、建造的专家和老、中、青三代科技工作者参与了丛书的编写。撰写者大多是肩负科研任务的一线科研工作者，只能利用业余时间进行编写；他们不是专业的科普作者，但要完成从建造者到教育者、从设计员到讲解员的角色转换；学术著作可以精尖高深，科普文章却要浅显易懂，要像对学生上课一样，心口相传，绘声绘色，这对他们而言绝非易事。但面对困难，他们不曾退缩。在大家的心中，参与丛书编撰不仅是对投身舰船科研、设计、建造实践的重塑，更是为了中国造船事业后继有人、薪火相传。从领受编撰任务的那一天起，他们酝酿推敲、遴选谋篇、不辞辛劳、不舍昼夜，把对科学的爱、对祖国的情凝练成书香墨宝。

历经2年，这部丛书终于与读者见面了。丛书的编撰得到众多单位支持，并成立丛书专家委员会，严格遵循资料汇

总、提纲拟制、内容撰写、审查把关、全稿统筹的编纂规律，先后多次召开书稿初审会、复审会和终审会，确保内容准确、权威。

因此，“国之重器——舰船科普丛书”具有以下特点：

一是广泛性。丛书涵盖了当今世界主要舰（船）种，内容包括舰船的诞生、发展历程、关键系统设备和发展前景等，是目前已出版舰船科普丛书中较齐全、较系统的一套科普丛书。

二是原创性。目前市场上有关舰船方面的科普图书屡见不鲜，但引进的多，原创的少，而这套丛书立足于国内舰船研制历程，经过精心策划，历经2年的努力原创而成。

三是权威性。丛书由中国船舶及海洋工程设计研究院、上海市船舶与海洋工程学会和上海交通大学主编，联合江南造船（集团）有限责任公司、沪东中华造船（集团）有限公司、上海外高桥造船有限公司、中国海洋石油集团有限公司等单位，还成立了由曾恒一院士、潘镜芙院士领衔的专家委员会对丛书内容进行专业技术上的把关，保证了此书的科学性和权威性。

四是充满情怀。习近平总书记指出：科技创新、科学普及是实现国家创新发展的两翼，要把科学普及放在与科技创新同等重要的位置。丛书正是基于这一精神向全民，特别是青少年介绍舰船科技知识，弘扬科学精神，传播科学思想和科学方法，激发爱国热情，使全民关心、热爱、支持国防建设和舰船事业的发展，为实现强军梦、强国梦尽一份心力。

五是集体创作。老、中、青100多位科技工作者参加丛书编撰，每分册从提纲到初稿、定稿，均经众人讨论、修改，所以说丛书是集体创作的成果。

丛书编写过程中参考了一些书籍和报刊，引用了一些观点和图片，在此表示诚挚谢意。

在丛书出版发行之际，向各位专家、全体编撰人员，以及关心、支持丛书编撰出版的有关单位和个人表示崇高的敬意。

对于书中不妥之处，希望广大读者予以指正。

张　毅

2018年8月

国之重器——舰船科普丛书

出版工作委员会

本书内容由中国船舶及海洋工程设计研究院审定。本书所使用的图片由中国船舶及海洋工程设计研究院、上海市船舶与海洋工程学会、上海交通大学、江南造船（集团）有限责任公司、沪东中华造船（集团）有限公司、上海外高桥造船有限公司、中国海洋石油集团有限公司、中船重工第七一四研究所、少年儿童出版社等提供。

特别说明：本书中可能存在未能联系到版权所有者的图片，请见书后与上海科学技术出版社联系。